高等学校通识课程系列教材

教育家精神选讲

主　编　曾晓洁
副主编　杨翼丞　李汉学

U0853475

中国人民大学出版社
·北京·

内容简介

本书立足新时代教育强国建设背景，系统阐释了中国特色的教育家精神的内核与实践路径。以中国传统教师观发展历史脉络为根基，聚焦新时代教师观的理论创新，深入解读教育家精神的六个内涵，为培育新时代“大先生”提供理论支撑与实践指南。

本书共九章，前三章系统、全面地梳理了我国教师观从古至今的演变，重点对新时代的教师观做了详细阐述。后六章探讨了教育家精神的六个内涵，充分阐释了教育家精神的中国特色与时代意蕴。本书注重理论与实践相结合，希望通过分享教育家教书育人的精彩案例、优秀教师的感人事迹，在师范生心中埋下一颗乐于奉献、为学生服务的精神火种。本书既适合作为高等院校师范生的教材，也适合一线教师阅读。

主编简介

曾晓洁，教育学博士，二级教授、硕士生导师，湖南第一师范学院初等教育学院院长、湖南省芙蓉教学名师。兼任中国语文报刊协会课程与教学专业委员会副理事长、湖南省教育科学研究基地“教育家精神培育弘扬研究基地”首席专家。已主持完成国家社科基金项目、国家语委科研重点项目等课题 15 项，出版专著 4 部，发表学术论文 70 余篇，主编教材 4 部。

前　言

强教必先强师。教师队伍建设是建设教育强国最重要的基础工作。教育家是教师队伍中的杰出典范。我国教育史上灿若星辰的教育家，如“有教无类”的孔子、“知行合一”的王阳明、“捧着一颗心来，不带半根草去”的陶行知，以及“人民教育家”黄大年、于漪、卫兴华等，以他们的大智慧、大情怀、大担当，凝聚出智慧的教育思想，推动着教育改革发展，照耀着子孙后代的成人之路。

习近平对教师队伍建设极其重视，先后对教师队伍提出“四有”好老师、“四个引路人”、“四个相统一”的殷切期望，并于2023年教师节前夕专门致信全国优秀教师代表座谈会与会教师，提出了“中国特有的教育家精神”。这封信的内容如下：

各位与会老师：

你们好！值此第三十九个教师节到来之际，我代表党中央向你们、向全国广大教师和教育工作者致以节日的问候和诚挚的祝福！

长期以来，以你们为代表的全国广大教师认真贯彻党的教育方针，教书育人、培根铸魂，培养了一代又一代德智体美劳全面发展的社会主义建设者和接班人，造就了大批可堪大用、能担重任的栋梁之才，为国家发展、民族振兴作出了重要贡献。教师群体中涌现出一批教育家和优秀教师，他们具有心有大我、至诚报国的理想信念，言为士则、行为世范的道德情操，启智润心、因材施教的育人智慧，勤学笃行、求是创新的躬耕态度，乐教爱生、甘于奉献的仁爱之心，胸怀天下、以文化人的弘道追求，展现了中国特有的教育家精神。

新征程上，希望你们和全国广大教师以教育家为榜样，大力弘扬教育家精神，牢记为党育人、为国育才的初心使命，树立“躬耕教坛、强国有我”的志向和抱负，自信自强、踔厉奋发，为强国建设、民族复兴伟业作出新的更大贡献。

习近平

2023 年 9 月 9 日

在信中，习近平从理想信念、道德情操、育人智慧、躬耕态度、仁爱之心、弘道追求六个维度深刻阐释了中国特有的教育家精神的时代内涵。这六个维度代表了六个内涵，共同构成了一个极为博大精深的教育家精神体系。其中，“心有大我、至诚报国的理想信念”是统领性的内涵，能够确保教师在理念和态度上“为党育人、为国育才”，是教育家精神的方向性要求；“言为士则、行为世范的道德情操”对教师提出了基于教师职业育人特征的高尚道德要求；“启智润心、因材施教的育人智慧”是从教师教育教学内容与方法上提出的要求；“勤学笃行、求是创新的躬耕态度”是基于教师与所教知识之间的关系提出的要求；“乐教爱生、甘于奉献的仁爱之心”是基于教师与学生的关系提出的要求；“胸怀天下、以文化人的弘道追求”主要指一种基于教育又跳出教育的服务社会与大众的宏大情怀。换一个视角，也可以认为，“心有大我、至诚报国的理想信念”和“胸怀天下、以文化人的弘道追求”是对广大教师提出的高目标，“言为士则、行为世范的道德情操”和“乐教爱生、甘于奉献的仁爱之心”是希望广大教师能够做到的高自律，“启智润心、因材施教的育人智慧”和“勤学笃行、求是创新的躬耕态度”展现的是教师的高水平。

中国特有的教育家精神提出之后，湖南第一师范学院作为“千年学府、百年师范”和伟人毛泽东的母校，迅速响应号召，于 2023 年 10 月成立校级“教育家精神培育弘扬研究基地”，开展相关研究和宣讲活动。在湖南省教育厅的高度重视下，该基地于 2024 年立项为湖南省教育科学研究基地，并将“教育家精神选讲”课程建设作为基地建设内容之一，将该课程列为校级重大红色金课，本教材就是该课程的配套教材。

在课程负责人曾晓洁的组织下，课程组内部开展了多次讨论，并征询了长沙师范学院胡穗教授、湖南第一师范学院蒋蓉教授、湖南省教育科学研究院单莹研究员等多位专家的建议，经中国人民大学出版社王雪颖编辑等的具体指导后，课程组决定将整个教材分为九章，先谈我国历史上的教师观，再分析新时代中国特色的教师观，然后围绕教育家精神的六个内涵逐项展开讨论，最后以教育家精神的中国特色与时代要求收束全书。其中，讨论教育家精神六个内涵的第三章到第八章，基本上都采用“是什么—为什么—如何做”的思路，尽力讲透“是什么”，讲明“为什么”，讲实“如何做”。明确思路后，由张洪萍、柳燕、曾晓洁、杨翼丞、李汉学、石泽婷、李盛幸、赵娟、晏福宝等九位老师分别承担第一章到第九章的撰写工作，主编曾晓洁和副主编杨翼丞承担统稿工作。

衷心感谢参与课程研发的所有人员及提供案例的相关教师，感谢中国人民大学出版社王雪颖女士的协调工作，感谢湖南省教育科学研究基地“教育家精神培育弘扬研究基地”和长沙市与湖南第一师范学院共建的“新时代师范教育创新发展研究中心”平台的支持。愿此书能成为一盏灯，为照亮教育者的前行之路奉献一份绵薄之力。

编写组

2025 年 4 月

目　录

第一章 我国历史上的教师观

大家箴言

古之学者必有师。师者，所以传道受业解惑也。……是故无贵无贱，无长无少，道之所存，师之所存也。

——韩愈《师说》

学习目标

1. 了解“师”之起源及名称变迁。
2. 了解不同时期的教师观。
3. 了解民国时期的“教育家精神”。

内容导航

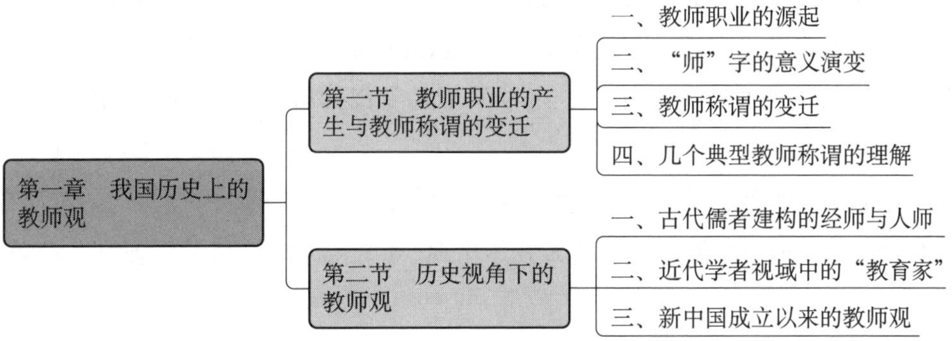

第一节　教师职业的产生与教师称谓的变迁

上古之“师”源于军事与祭祀，西周“官师合一”奠定教化正统；春秋私学勃兴，“先生”“老师”渐成通名；唐宋书院尊“山长”，明清乡塾呼“西席”；至近代经由“教习”“教员”的转变，最终定格为饱含温度的“教师”。每一次名称流转，都是知识权力下移的印记；每一声呼唤背后，都藏着五千多年文明传承的密码。总的来说，变的是称谓，不变的是那份连接过去与未来的神圣使命。

一、教师职业的源起

教师职业的源起，与劳动和生活密不可分。原始社会时期，生产工具和生产能力极为落后，为了生存，青壮年之外，具备行动能力的少年和老人也不得不外出劳作，以满足自己的衣食住行需求。因此，关于生产和生活经验的传递，便都是在劳动和生活中进行的。人类最初的教育，没有专门的教师，也没有专门的学生，只是社会成员彼此之间的示范和模仿而已。

当生产工具得到改进、生产力得到提升之后，其中部分人可以不用参与劳作，也没有生活之忧，便开始出现专门掌管知识经验并有意识、有目的地进行传承的文化工作者，即巫觋。

巫觋和文化传承的关系，是一个极为复杂的问题。有学者认为，当人类还处于蒙昧状态时，巫觋及其所从事的求神、占卜、驱疠等巫术就作为人类精神活动的伴生物产生了。巫觋从最初的经验中逐渐获得超乎其聚落先民的知识文化素养，这种素养使得他们获得氏族和部落民众的尊崇，并逐渐成为文化代言人。① 因此，作为早期文化的代言人，巫觋虽不是专门的教师，但却成为传递知识的人。

随着国家的出现以及生活日益复杂化，学校产生，官师合一。彼时，虽没有专职的教师，但专门传授知识的人开始出现。《周礼·地官司徒·叙官》记载：

---

① 李禹阶．中国文明起源中的巫及其角色演变［J］．中国社会科学，2020（6）：168－192．

“惟王建国，辨方正位，体国经野，设官分职，以为民极。乃立地官司徒，使帅其属，而掌邦教，以佐王安扰邦国。教官之属：大司徒，卿一人。小司徒，中大夫二人。乡师，下大夫四人、上士八人、中士十有六人。旅，下士三十有二人、府六人、史十有二人、胥十有二人、徒百有二十人。”三代时期，在学在官府和世袭制度下，官员往往兼职教师工作，在履行职官职责的同时承担着传道授业的任务。春秋后期，学在官府被打破，学术下移，私学产生，士阶层出现，民间出现专以传递知识为职业的人，即私学教师，如孔子。自此以后，教师成为专门职业。

二、“师”字的意义演变

“师”在古代写作“師”，其左右构件“𠂤”和“帀”皆为独立字，在先秦很长一段时间内，此三字互为异形字，经常互用，直至战国后期才统一于“师”字。“𠂤”有四层含义：一是指国家的军事力量，即军队；二是指军队的编制，商代时期的“师”是军队的最高编制单位，通常定编为左、中、右三师，西周中叶以后军队扩编，增加了“军”的单位，才有了“三军”的说法；三是作为人物的身份用字，冠于人名之前，以示他们是军队首领，如师般，即为商王小乙和武丁时期的大臣甘盘，不过，这一用法较为少见；四是作为地名，冠于具体地名之前。“师”字晚出于“𠂤”，最早见于周原甲骨，并逐渐流行。“帀”在西周中期从“师”中独立出来，作为独立字流行。①

《说文解字》释“师”曰：“二千五百人为师。从帀，从𠂤。”清代段玉裁注曰：“五人为伍，五伍为两，五两为卒，五卒为旅，五旅为师，五师为军。师，众也。”民国时期，萧承慎在考证了“师”的字源以后，发现“师”是指当时的军队编制，《说文解字》有“二千五百人为师”，即一个师有 2 500 人。故“师”最初的含义是众多，跟军队有关，也引申为领军之人，常和“𠂤”替用。段氏和萧氏都认为“师，众也”，和军队有关。但同为清人的徐灏在《说文解字注笺》中认为：“段亦敷衍其说。今按古狮字只作师。……师子威服百兽，故凡帅教为长者，皆曰师。三军之长所帅人众，因之师有众意。”《尔雅·释言》曰，“师，人也”。故“师”不仅有“众意”，还有“人众”之意，或为众民之长而教之，或

① 王伦信．先秦“师”概念的发展及其教育意涵的获得［J］．教师教育研究，2007（4）：55－59.

为众卒之长而帅之。引申之，凡能率众能牧民者，即能统帅大众、能成为大众之榜样者，亦谓之师。《礼记·学记》有云："能为师然后能为长，能为长然后能为君。"

那么，"师"在什么时候具有教师的意蕴呢？

"师"最初和人物相关的记载，是商王的重臣师般，师般的活动除了教育和政治辅佐，还和军队有关。由于夏商周时期的教育尚武，射、御等军事训练是教育的重要组成部分，军官群体在事实上承担着贵族子弟军事教育的责任，所以，"师"逐渐带有教育的含义，师氏往往兼有武职和教职的双重含义。《周礼·地官司徒·师氏》记述："师氏掌以媺（美）诏王。以三德教国子……居虎门之左，司王朝。掌国中失之事，以教国子弟。凡国之贵游子弟学焉。"师氏以美德告于君王，以三德①教于国子。君王临朝时，师氏侍于侧，以国事得失教育贵胄子弟。可见，师氏在行护卫之责时，同时亦承担教育之责。

至西周时期，"师"已不限于指称武职，开始被借用来称谓一般性职官，其中包括很多技术性职官如"乐师""工师"等。这些技术性职官大都兼有教育的责任，"师"的含义也因此进一步发生变化，具有了教育者的含义。《礼记·文王世子》曰，"师也者，教之以事而喻诸德者也"。郑玄注曰："师，教人以道者之称也。""师"，于是成为育人塑德的化身。

有学者统计，《左传》中"师"字出现 1 375 次，训为教师者只有 1 处；《国语》中"师"字出现 138 次，训为教师者有 4 处；《战国策》中"师"字出现 78 次，训为教师者或学习者有 12 处；战国末期出现的《吕氏春秋》中"师"字出现 152 次，训为教师者则高达 75 处。② 可见，春秋中后期以后，随着学术下移和私学出现，教师逐渐职业化，"师"的教育意蕴日益凸显。

三、教师称谓的变迁

古往今来，教师的称谓很多。有学者基于王力先生对汉语史的上古时期、中古时期、近代和现代的划分，对不同时期常见文献中教师称谓的历时性变迁进行统计，得出结论如表 1-1 至表 1-4 所示。③

---

① 包括：以为道本的至德、以为行本的敏德、以知逆恶的孝德。

② 高翔. 教师称谓的历时演变及动因研究 [D]. 武汉：华中师范大学，2007：3-5.

③ 同②23-24.

表 1-1 上古时期部分重要著述中的教师称谓及其出现次数

	先秦					汉			总计
	《诗经》	《国语》	《战国策》	《左传》	《穀梁传》	《世说新语》	《说苑》	《搜神记》	
师	0	4	6	1	0	4	22	1	38
师傅	2	0	2	0	1	0	1	0	6
先生	0	0	9	0	0	1	70	1	81
老师	0	0	0	0	0	0	0	0	0

表 1-2 中古时期部分重要著述中的教师称谓及其出现次数

	唐		五代	宋		总计
	《北史》	《大唐新语》	《唐摭言》	《朱子语类》	《全宋词》	
师	5	2	23	/	45	75
师傅	9	0	0	3	0	12
先生	9	0	1	/	11	21
老师	0	0	0	2	3	5
教师	0	0	0	0	0	0

表 1-3 近代部分重要著述中的教师称谓及其出现次数

	元		明		清			总计
	《关汉卿戏剧集》	《元杂剧》	《三遂平妖传》	《三国演义》	《镜花缘》	《红楼梦》（前 52 回）	《明史》（清・张廷玉等）	
师	0	8	0	7	15	12	196	238
师傅	0	0	0	1	0	1	4	6
先生	0	0	3	0	53	30	113	199
老师	0	0	0	0	55	0	1	56
教师	0	0	7	0	6	0	0	13
教官	0	0	0	0	0	0	33	33
教习	0	0	0	0	0	0	1	1

表 1-4 现代部分重要著述中的教师称谓及其出现次数

	《丁玲文集》（第 1～6 卷）	《王朔文集》	总计
教师	26	26	52
老师	123	314	437

从上古时期到现代的文献记载来看，各个时期对教师的称谓虽有不同，但总体而言，最常见的是“师”，其次分别是先生、老师和教官等。当然，虽然上述统计大体能呈现教师称谓的历时性变迁，但因其文献选择集中于经史子集中的集部而忽略了教育类文献，尤其是现代部分只分析了《丁玲文集》和《王朔文集》，故并未完全呈现教师称谓的流变，如鸦片战争以前的“教习”和鸦片战争以后的“教员”称呼，都是极为常见的，但在所统计材料中却完全没有体现出来。为此，接下来对教师称谓作进一步介绍。

四、几个典型教师称谓的理解

（一）“师”

如前所述，先秦时期，教育特征表现为学在官府和官师合一，因此，早期“师”的称谓往往和职官相关联。最初的“师”与军队和军官有关，随着“师”的教育意蕴逐渐凸显，“师”和一般职官的联系日益紧密。

有学者梳理了先秦典籍《周礼》所载周代之官制，认为周代以“师”名者，皆为政教技艺之长，掌其事而帅其属以牧民。以施教区域言之，有乡师、族师、闾师、县师、遂师；以职掌之类别言之，则有医师、卜师、牧师、山师等。①

先秦六艺教育中，以礼乐教育为中心，故以“师”命名乐官者最为常见，如乐师，为乐官之长大司乐的副职，或称“小司乐”。《周礼·春官·大司乐》记载大司乐的主要职责就是“掌成均之法，以治建国之学政，而合国之子弟焉”。成均者，五帝之大学也。大司乐掌管成均，以教育公卿大夫之子弟。大司乐属下的乐官也大多兼任教职，如小师“掌教鼓鼗、柷、敔、埙、箫、管、弦、歌”，磬师“掌教击磬、击编钟，教缦乐、燕乐之钟磬”，笙师“掌教吹竽、笙、埙、籥、箫、篪、笛、管，舂牍、应、雅，以教《祴》乐”，韎师“掌教韎乐”，籥师“掌教国子舞羽吹籥”等。正因为师和乐官关系密切，所以先秦文献中也有一些著名乐师名前冠有“师”字的，最著名者如师旷、师挚、师襄、师乙等。《史记·孔子世家》就记载了孔子向师襄学鼓琴的故事，《礼记·乐记》中也有子贡向师乙请教之事：“赐闻声歌各有宜也。如赐者，宜何歌也?”

先秦时期，“师”不仅和职官有关，还是传递某一行业知识的教师，同时也

① 萧承慎．教学法三讲［M］．福州：福建教育出版社，2009：11．

和教育对象有关，教师的不同称谓体现了教师的不同等级。大体而言，先秦时期的教师基于教育对象可分为三大类：

一是太子、王子之师，如太师、少师、太傅、少傅、父师、傅师；

二是贵族子弟之师，如傅、外傅、师傅、小师、训人；

三是贵族女子之师，如师氏、姆等。①

刘邦建汉，至武帝时期，逐渐由黄老无为转向独尊儒术，设立太学讲授儒经，选官由汉初的军功、荫子等制度逐渐转向通经入仕，以儒为师成为常态，讲授儒家经籍的儒学之师被称为讲师。《后汉书・礼仪上・养老》记载："养三老、五更之仪，先吉日，司徒上太傅若讲师。故三公人名用其德行年耆高者一人为老，次一人为更也。"汉代独尊儒术以后，以孝治天下，除太学博士等儒学教师外，朝廷通过养老之礼，将三老、五更等德行高尚之人塑造为行为楷模，完成社会教化。故太学博士和私塾教师为传授儒学之师，三老、五更等则为德行示范之师。

汉代以后，儒学虽然地位有起有伏，但一直是学校教育最重要的内容，故儒学之师是最常见的教师，这一事实也最终在唐代韩愈的《师说》中以"师者，所以传道受业解惑也"得到大声宣告。可以发现，汉代以后的儒学之师，因学校类型、级别及时代的不同，具体称谓也有所不同。

在中央官学如太学、国子学中，校长被称为祭酒，副校长被称为司业，协助祭酒管理学校事务，教师被称为博士，协助博士讲授的教师被称为直讲或助教，但多统称为学官或教官。如宋朝王谠《唐语林》云："学旧六馆：有国子馆、太学馆、四门馆、书馆、律馆、算馆，国子监都领之。每馆各有博士、助教谓之学官。国子监有祭酒、司业、丞、簿谓之监官。"《宋史》卷一百六十七载："自是列郡各置教官。……若试教官则始于元丰；添差教授则始于政和。"地方官学的儒学之师和中央官学大同小异，但会因行政区域不同，称谓有所不同。如《明史・职官四・儒学》曰：府，教授一人，训导四人；州，学正一人，训导三人；县，教谕一人，训导二人。教授、学正、教谕，掌教诲所属生员，训导佐之。

在私学体系中，蒙学阶段的私学教师通常被称为塾师或西席，因为私塾教师多为贵族之家所聘请，或自己在家招徒讲学，属于单兵作战，没有校长。但同为

① 高翔．教师称谓的历时演变及动因研究［D］．武汉：华中师范大学，2007：3.

私学的书院，因为属于教育机构，其校长被称为山长。后来，清代阮元改革书院，在学海堂设学长取代山长，使得书院的管理出现民主化的趋势。

（二）先生

“先生”由两个单音字“先”和“生”构成。最初的含义是最先出生的，即头生子的意思。《诗经·大雅·生民》记载：“诞弥厥月，先生如达”，朱熹注解曰：“先生，首生也”，记载了姜嫄怀孕足月，初生之子（后稷）顺利出生的情况。随着时代变迁，“先生”逐渐由头生子演变为先出生者，并引申为父兄或长辈之意。《尔雅·释亲》记载：“男子，先生为兄，后生为弟……女子，先生为姊，后生为妹。”《论语·为政》记载：“有事，弟子服其劳；有酒食，先生馔，曾是以为孝乎？”马融注：“先生，谓父兄也。”

先秦时期，随着礼乐文化以及宗法制度的发展，男性成为家庭主宰，在家庭生活中居于权威地位，加上先秦时期的世卿世禄制和教育上的学在官府特征，父兄不仅是家庭的主宰，还是文化知识的传授者，“先生”逐渐具备有德行、有学问之长者意蕴，并演变成为“师”的代称。《韩诗外传》记载：“古之谓知道者曰先生，何也？犹言先醒也。不闻道术之人，则冥于得失，不知乱之所由，眊眊乎其犹醉也。”这里的先生，指先行知“道”者，即有德行的长者和老师，故随后郑玄注解曰，“先生，老人教学者”。《礼记·玉藻》记载：“无事则立主人之北，南面。见先生，从人而入。”孔颖达疏曰：“先生，师也。”①

所以，传统社会中，先生即教师，是社会共识。两汉以后，经历了魏晋南北朝时期和唐初的师道衰微，韩愈抗颜为师，呼吁师者传道授业解惑也，于是便有了思想上和理论上授业解惑的经师和传承儒道的人师之分②，先生在一般经师的意味上，似乎要求更高。朱熹在《隆兴府学濂溪先生祠记》中谈道：“此先生之教，所以继往圣，开来学，而大有功于斯世也。”先生之教，除知识授受、道德浸润之外，最为重要者在于传孔孟齐家治国平天下之道，尤其是“道”中所内含着的社会责任和家国情怀。

同时，随着春秋后期学术下移，士阶层产生并成为四民之首，故有德行、有学问之先生，便带有民众对知识分子的尊敬，使得先生在一定程度上成为敬称，

---

① 高翔．教师称谓的历时演变及动因研究［D］．武汉：华中师范大学，2007：12－13.

② 在实际的教育活动中，经师和人师之分早就存在。

成为对有学识或德高望重的人的统称。民国时期的女教师，或者学术界、知识界的女性，也往往被尊称为先生，如杨绛等。当然，到了近代，先生的敬称开始泛化，即便是在商店、银行工作或一般工职人员，在人际交往中，也往往被尊称为先生。

（三）老师

传统文献中，“老师”二字最早见于《左传》：“老师费财，亦无益也。”但这里的老师，并无教师的含义。《史记·孟子荀卿列传》曰：“田骈之属皆已死。齐襄王时，而荀卿最为老师。”这里的“最为老师”，即指荀卿是最德高望重、学识渊博的学者。当然，战国时期，诸子私学已经较为发达，荀子本就是私学大师，故荀子“最为老师”，不仅在于德行和学识，也已经具备教师的意蕴了。

随后的文献中，有较多关于“老师”的记载。高翔认为，将“老师”作为一个特定称谓，始于唐代，用作对僧侣的尊称；直至金代，“老师”才具备现代意义上“老师”的意思，如金人元好问作《示侄孙伯安》云：“伯安入小学，颖悟非凡儿，属句有夙性，说字惊老师”，其中的“老师”，即和现今用法相同。①

不过，随着科举成为主要的入仕途径，科考官员往往成为考生的尊称，“老师”的称呼也逐渐被泛化，不再专指传道授业的教师。近代以来，“老师”这一称呼的泛化，更是成为常态。如《现代汉语词典》对“老师”的解释，即对教师的尊称，泛指传授文化、技术的人或在某方面值得学习的人。据黄南松 1987 年的调查，在 20 世纪 80 年代，“老师”这一称谓已经在文艺界、广播电视界、新闻界等被不同程度地使用，当下则更是普遍泛化了。②

（四）教习

传统文献中，“教习”最初为动词，如《史记·李斯列传》记载：“高受诏教习胡亥，使学以法事数年矣。”“教习”用作名词且具有教师之含义，大概始于明代，乃教习庶吉士的简称。《明史·选举》记载：“其与选者，谓之馆选。以翰、詹官高资深者一人课之，谓之教习。”清代以后，作名词用的教习变得常见，成为除太学以外的其他非儒学教育机构如宗学、觉罗学、俄罗斯文馆等教师的

---

① 高翔．教师称谓的历时演变及动因研究［D］．武汉：华中师范大学，2007：6.
② 同①7－8.

称谓。①

洋务运动时期，洋务学堂里聘请的西学教师多为西方传教士。在中体西用思想的影响下，西学教师主要教授“夷之长技”，不涉及儒家之道，故沿袭传统非儒学教师的称呼，称为教习。随着西学东渐及新式学堂的增多，儒学教师逐渐式微，“教习”一词成为近代教师的常见称呼。有学者研究认为，到维新运动时期，言及教师者，只称教习。②

（五）教员

20世纪以来，我国教师的常见称呼是“教员”。这是一个舶来词，是随着甲午中日战争以后我国将学习的目光转向日本之后出现的。据意大利汉学家马西尼考证，汉语“教员”一词最早出现于黄庆澄于1894年出版的《东游日记》一书中。

但是，“教员”一词真正进入国内言论界应该是在1901年。这一年罗振玉创办《教育世界》杂志，大量译介日文教育著作与法令，“教员”一词遂从日本移译过来并很快被社会各界接受。在《教育世界》创刊号上，有罗振玉撰写的《教育私议》一文，其中论及教育者的培养时使用了“教员”一词。其文曰：“五曰培养教员。教员者，婴儿之乳母、植物之种子也。故欲兴教育，第一在培养教员。小学既立以后，便当于各府、县多立师范学堂，以讲求教育之法，庶教员不致匮乏。此又今日最急之务也。”③ 1902年，清政府颁布《钦定学堂章程》，即《壬寅学制》，在政府的制度文件中正式使用“教员”一词，“教员”称呼取得合法地位。

在中华民国成立之前，“教员”和“教习”基本上处于势均力敌的状态。在留日学生翻译的著作、出版的杂志中，大多使用“教员”一词；官方文件和报刊时论中，则“教员”和“教习”兼而用之。中华民国成立之后，政府明令将学堂改称为学校，堂长、监督改称为校长，教习改称为教员。李桂林、戚名琇、钱曼倩编写的《中国近代教育史资料汇编——普通教育》一书，收集了清朝末年和民国初年有关普通教育的章程、体制、办学情况等方面的原始资料，能够极好地反映清末和民初这两个不同历史阶段的教育用语情况：其上编《清朝末年的普通教

①②③ 田正平，章小谦．中国教育者概念从传统到现代的演变：从“教官”到“教师”称谓变化的历史考察［J］．社会科学战线，2007（1）：245－251．

育》计 413 页，共出现“教员”一词 522 次、“教习”一词 72 次，表明从 1901 年到 1911 年，“教员”的使用频率已经远远超过“教习”；下编《民国初年的普通教育》计 604 页，共出现“教员”一词 464 次，而“教习”一词仅出现 8 次且集中在《教育公报》的一篇文章里，表明从 1911 年到 1919 年，“教员”已基本上取代“教习”，成为对教育者的通称。①

第二节　历史视角下的教师观

所谓教师观，即人们对教师的价值、角色、责任、素质等问题的基本认识和观点。自教师职业产生以来，人们对教师就有各种期待与批评。梳理历代的教师观，有助于我们更好地理解教师，践行教育家精神。

一、古代儒者建构的经师与人师

“天地君亲师”曾是我国儒家祭祀的对象。它源起于《国语·晋语》：“民生于三，事之如一。父生之，师教之，君食之。非父不生，非食不长，非教不知生之族也，故壹事之。”这里提及的是君、父、师。战国时期的《荀子·礼论》在君、父、师的基础上加上了天和地，形成“天地君亲师”的完整思想体系。② 故吴虞评价之：此实吾国“天地君亲师”五字牌之所由立。钱穆也指出：“天地君亲师”五字，始见荀子书中。此下两千年，五字深入人心，常挂口头。其在中国文化、中国人生中之意义价值之重大，自可想象。从传统社会对“天地君亲师”的尊崇祭拜中可见，“师”因社会教化和社会治理的功能而在地位上与天地君亲并列，“当其为师，则弗臣也”，“师”之地位因而崇高无比，成为传统儒家的精神寄托和心灵安顿之所。总体而言，历代儒者对教师职责、教师素养及为师之道等多有思考，最有名者是韩愈的《师说》，后经历代儒者《广师说》《续师说》等层出不穷的阐发，构建成了由经师到人师的教师观。

① 田正平，章小谦．中国教育者概念从传统到现代的演变：从“教官”到“教师”称谓变化的历史考察［J］．社会科学战线，2007（1）：245－251.

② 《荀子·礼论》曰：“礼有三本：天地者，生之本也；先祖者，类之本也；君师者，治之本也。无天地恶生？无先祖恶出？无君师恶治？三者偏亡焉，无安人。故礼，上事天，下事地，尊先祖而隆君师，是礼之三本也。”

（一）师者何为：教师职责与素养

儒家一直强调“建国君民，教学为先”，因而“教学”之师颇受重视。先秦时期，学在官府，只有贵胄子弟才有接受教育的资格。贾谊的《新书·傅职》则较早论述了太子之师太师、太傅、太保、少师、少傅和少保的职责，即教之以礼乐、故志、任术、训典等，以使太子知圣人之德、治化之道。

汉代独尊儒术，以太学兴教化之本，养贤能之才，师道大兴。无如魏晋南北朝时期，士族当权，儒学式微，师道不兴。柳宗元在《答韦中立论师道书》中感叹：“魏、晋氏以下，人益不事师。今之世，不闻有师，有辄哗笑之，以为狂人。”韩愈也赞同“师道之不传也久矣”（《师说》），但他跟世人皆不敢为师不同，他不顾流俗，抗颜为师，并作《师说》，大声疾呼：“古之圣人，其出人也远矣，犹且从师而问焉；今之众人，其下圣人也亦远矣，而耻学于师。是故圣益圣，愚益愚。圣人之所以为圣，愚人之所以为愚，其皆出于此乎？”

对于教师职责，韩愈铿锵而坚决地说：“师者，所以传道受业解惑也。”在这里，韩愈对师者进行了划分：授业解惑的经师和传承儒道的人师。那么，何谓经师？何谓人师？

先秦时期，官师合一，加之宗法制下的爵位世袭，故师者身份多重，既是官者，亦是父亲。有着多重身份加持的教师，尤其是王官之学的教师，在学识、才能和品德方面要求甚高。《礼记·文王世子》曰：“三王教世子……入则有保，出则有师，是以教喻而德成也。师也者，教之以事而喻诸德者也；保也者，慎其身以辅翼之而归诸道者也。”教授太子、王子及贵族之子的官学教师，不仅要教授知识，熏陶道德，更要教导治国治人之道，可谓人师典范。故《尚书·周官》记载，天子“立太师、太傅、太保。兹惟三公，论道经邦，燮理阴阳”，注曰：“师，天子所师法；傅，傅相天子；保，保安天子于德义者。此惟三公之任，佐王论道，以经纬国事，和理阴阳，言有德乃堪之。”可见，先秦时期的官学教师，非仅以知识授之，而以传德行治道为核心。《荀子·儒效》曰：“近者歌讴而乐之，远者竭蹶而趋之，四海之内若一家，通达之属，莫不从服，夫是之谓人师。”人师者，不仅在于外在的知识传授，更在于传承儒道，以德服人，使得被教育者内化于心，从而达到近者歌之、远者趋之的教化效果。

当然，先秦的六艺之教，既涉及以“道”“德”为核心的礼、乐文化，也包括技艺的射、御之术，还有一般启蒙的书、数之学。在礼崩乐坏、学术下移之后，士阶层产生。先秦的士，既有文士，也有武士，还有谋士等。士的产生，意味着面向民间的私学教师的出现。较之官学教师，私学教师没有官者身份，也没有面向太子、王子、贵族之子时对“道”的高标准和高要求，更多的是对博闻强识、学识和品行的强调。可见，先秦时期，教师已有初步的经师和人师之分野。民国时期有学者认为：巫医百工之师，传授技能而已；小学启蒙之师，识字而已；学塾之师，章句记问而已。唯重人伦礼义者，方可谓君师，即人师也。①

除官学、私学之分，先秦文献典籍中已有大学、蒙学之别。大学者，大人之学也，故“大学之道，在明明德，在亲民，在止于至善”（《大学》）。蒙学者，则主要是道德教育及六艺教育中最基本的书、数教育。因此，从不同层次的教育而言，大学、蒙学之教师，也有经师和人师之区别。

当然，先秦时期的人师，所涉及的“道”具有多样性。官学教师，所传之道多为三代先王之道，即文武（周文王、周武王）之道；私学教师所尊崇之道，则是学术分野之后的诸子之道，即儒家、法家、墨家、道家等诸家之道。战国时期，诸侯争霸，诸子百家及其信奉之道开始影响各国君主，各诸侯国所信奉之道不同，则官学教师所传之道也各不相同，如秦国所传者为法家之道，鲁国所传者为儒家之道。对经师而言，虽对“道”的要求可能不高，但对德行和学识的要求却不低，《礼记·学记》所言“记问之学，不足以为人师”表达的就是这个意思。

据萧承慎考证，我国历史上最早被称为“人师”的，是东汉的郭泰（字林宗）。根据袁宏《后汉纪》卷第二十三，郭泰“尝止陈国文孝，童子魏昭求入其房供给洒扫，泰曰：‘年少当精义书，曷为〔来〕近我乎?’昭曰：‘盖闻经师易遇，人师难遭。故欲以素丝之质附近朱蓝耳’”②。史书上明确记载的“经师”与“人师”之别，正是源于此。

历代对于经师职责的认知几乎是固定的：授业解惑。只不过，其所授之业和所解之惑，则在汉代独尊儒术之后主要集中于儒家学说。而人师所传之道，从大的方面来说，也在汉代独尊儒术以后集中于儒家，但儒家之道的内涵却发生了较大的变化。

孔子死后，其思想因博大精深，“门弟子不能遍观而尽识也，故学焉而皆得

---

① 张巽与．论古代师道精神［J］．江苏教育（苏州 1940）．1944（4）：3－7．
② 萧承慎．教学法三讲［M］．福州：福建教育出版社，2009：40．

其性之所近。其后离散分处诸侯之国，又各以所能授弟子，原远而末益分”①。虽然汉代独尊儒术，但西汉今古文经学之分流与东汉郑玄将之合流，使得孔子之道更是模糊难辨，“后之人虽欲闻仁义道德之说，其孰从而求之?”（《原道》）韩愈要抗颜为师，主张“文以载道”，首先就要解决“道”的问题。在《原道》一文中，韩愈认为：“斯道也，何道也?”“斯吾所谓道也，非向所谓老与佛之道也”，儒家之道也。韩愈对儒家之道的传承进行了考证：“尧以是传之舜，舜以是传之禹，禹以是传之汤，汤以是传之文、武、周公，文、武、周公传之孔子，孔子传之孟轲，轲之死，不得其传焉。荀与扬也，择焉而不精，语焉而不详。”尧舜及文武周公时代久远，其道无以得观，只能从孔子入手，韩愈所谓的人师，其所传之道，为孔孟齐家治国平天下之道。故韩愈主张：“道之所存，师之所存也。”

宋人王令受韩愈启发，亦作《师说》，感叹“天下之师绝久矣。今之名师者徒使组刺章句，希望科第而已”，非为传圣人之道者也。萧承慎在梳理历代师道观后认为，前哲咸以为，为师之道应以传道为主，并以为此乃韩愈首倡之功也。②

韩愈以后，历代学者对于教师论述颇多，如柳开之《续师说》、何心隐之《师说》、李贽之《真师》、黄宗羲之《续师说》和《广师说》、翁方纲之《拟师说》、章学诚之《师说》等，多在韩愈之《师说》的基础上拓展扩充。

清代廖燕在《续师说》中，首先肯定了师和天地君亲的同等地位，主张“师莫重乎道，其次必识高而学博”。其认为自孔子以后，师道不明于天下，至清朝时期已达极致：所谓师者，只知将朱熹注解之经书照本宣科，不仅不明儒道，就连经书大义也浑然不知。也就是说，非但人师，连经师也极少见了。感叹清代师者凋零、师道沦落，实则是伴随明清时期文字狱的背景。明清时期，随着中央高度集权、思想控制日益强化，文字狱兴起，使得学者多不敢阐经论道，不得不专注于训诂、辑佚等小学功夫，故不仅传道之人师稀见，经师亦不易得。

（二）为师之道：师道尊严与师者精神

传统社会，师者以传道授业为职事，在地位上与天地君亲比肩，承担着人才培养和化民成俗的责任。故学者择师不可不慎，择师不可不严，所谓“师严然后道尊，道尊然后民知敬学”。学者对师者的期待和择师的严苛，反过来则对师者

---

① 孙昌武．韩愈诗文选评［M］．西安：三秦出版社，2004：159.

② 萧承慎．教学法三讲［M］．福州：福建教育出版社，2009：29.

的为师之道提出挑战和要求。无论是授业解惑之经师，还是传道润心之人师，都要有心怀家国、善为人师的师道追求和教育情怀。

1. 心忧天下，至诚报国

儒家盖以学优入仕、积极参与国家事务和社会治理为目标。《大学》“八条目”“格物、致知、诚意、正心、修身、齐家、治国、平天下”，明确指出个人学习修养是基础，在修养自我、完善自我的基础上先要齐家，齐家是儒者从个体走向社会的转折点，而后方能治国、平天下。故不仅经明行修之士，以天下为己任，学博道明之师者，更是以培才教化为天职。《孟子・万章下》载孟子述伊尹之言：“天之生斯民也，使先知觉后知，使先觉觉后觉。予天民之先觉者也，予将以此道觉此民也。”所谓先知先觉者，正如韩愈所言：“生乎吾前，其闻道也固先乎吾，吾从而师之；生乎吾后，其闻道也亦先乎吾，吾从而师之。”（《师说》）先知先觉者自当以教育为天职也。师者以觉醒民众、培养英才为己任，以英才传承文化、入世治国，有功于社会和国家，实则是其社会责任和家国情怀的体现。朱熹在《隆兴府学濂溪先生祠记》中曰：“此先生之教，所以继往圣，开来学，而大有功于斯世也。”濂溪先生，周敦颐也，朱熹认为，周敦颐在学术知识的传承上继往开来，而最为重要者在于他传承了孔孟之道，尤其是“道”中所内含着的社会责任和家国情怀，这也是周敦颐先生之教“大有功于斯世”的体现。

2. 善教有法，乐于从教

《礼记・学记》不仅从师者职责和素养方面明确指出“记问之学，不足以为人师”，还从方法上指明教师应做到善教有法：“大学之法，禁于未发之谓豫，当其可之谓时，不陵节而施之谓孙，相观而善之谓摩。此四者，教之所由兴也。发然后禁，则扞格而不胜；时过然后学，则勤苦而难成；杂施而不孙，则坏乱而不修；独学而无友，则孤陋而寡闻；燕朋逆其师；燕辟废其学。此六者，教之所由废也。”董仲舒在《春秋繁露・玉杯》中提到“善为师者”的教师形象：“既美其道，有慎其行。齐时早晚，任多少，适疾徐，造而勿趋，稽而勿苦，省其所为，而成其所湛，故力不劳而身大成。此之谓圣化，吾取之。”他认为教师不仅要学识渊博，还要在行为上身体力行、以身作则，同时，教师还要善于教学：“造而勿趋”，要循序渐进；“稽而勿苦”，要勤于考核、督促，但又不能让学生感到苦不堪言，挫伤其学习的积极性；“省其所为，而成其所湛”，要观察了解学生，因材施教。

师者，善教是其为师之道的外求，乐教则是其为师之道的内核。孔子十五而志于学，四十而不惑，五十而仕鲁，随后周游列国，游说各国君主，推行其王道，但最终其政治主张不得实现，选择归鲁从教："归与！归与！吾党之小子狂简，斐然成章，不知所以裁之。"（《论语·公冶长》）孔子最终的从教选择看似是不得已而为之，实则孔子三十岁时即已收徒讲学，晚年归鲁只是专心从教。正如钱穆所言："孔子有志用世，然叹道不能行，乃欲一意还就教育事业上造就人才，以备继我而起，见用于后世。"无论孔子周游列国推介其学说，还是后来还归鲁国专心从教，都是为了行道济世。其从教选择，实则发自内心，故其教弟子，方能做到因材施教、诲人不倦。《论语·先进》记载："德行：颜渊、闵子骞、冉伯牛、仲弓。言语：宰我、子贡。政事：冉有、季路。文学：子游、子夏。"朱熹注曰，"孔子教人各因其材"。所以，孔子能成为万世师表，与其乐于为师、甘于为师密不可分。《孟子·尽心上》明言君子有三乐："父母俱存，兄弟无故，一乐也；仰不愧于天，俯不怍于人，二乐也；得天下英才而教育之，三乐也。"孟子之三乐，即天伦之乐、良心之乐和职业之乐也。

3. 崇道弘道，以文化人

万世师表孔子，以弘道育人为己任，只要"自行束脩以上"，就会诲人不倦。孔子教人，以身为范，将尧舜文王之道化为自身言行举止，行道济世、潜移默化，其弟子受教，如沐春风，如饮甘醇，莫不"中心悦而诚服也"。孔门弟子载记其师，多认为他"恂恂如也，似不能言者"。其后，孟子认为，为人师者，就是先知觉后知，先觉觉后觉。孟子所推崇的先知先觉的师者，非巫医乐师百工之师，而是崇信圣人之道、"行天下之大道"之师。《荀子·性恶》曰："得贤师而事之，则所闻者，尧舜禹汤之道也"。故先知先觉之师者，以先王之道内化于心、成德于行，故其教人，使人深切感悟，乐然从之，教化所及，无人不服。汉代通经入仕成为趋势之后，社会亦极为尊师重道。扬雄继承先秦师道，认为"师之贵也，知大知也。小知之师亦贱矣"①。扬雄所谓的"知大知"之师，即博闻强识并得圣人之道的老师。扬雄所谓的圣人之道，尧舜文王之道、修己治人之道也。"知大知"之师，贵在"本诸身"而训之理，从大处着手，从而做到对学生诲人不倦。郭泰之所以被称为"人师"，不仅在于其德高识远，更在于其尊崇儒道，志在弘道。蔡邕赞其"聪睿明哲，孝友温恭，仁笃慈惠"且"善诱能教"，

① 王万洪.《法言》今注今译（附导读）[M]. 赵瑶杰，译注. 北京：新华出版社，2021：138.

并且郭泰被时人称为“八顾”之一，“顾者言能以德行引人者也”[①]。清代章学诚将教师分为“可易之师”与“不可易之师”，二者相去甚远。“不可易之师”即传道之人师，既是学问专家，又以文章经世，尤在于“至道所寓”，故其教人，非以言传，乃以“意喻”也，重在以文化人、以德服人。

二、近代学者视域中的“教育家”

鸦片战争以后，西方科技冲击了中国士人心目中的礼义和气节，向外看、向西学一时成为风气。甲午中日战争后，国人赴日考察，发现“学校林立”是他们战胜我国的法宝。借鉴日本经验，兴办国民学校，培养新国民，成为清末新政时期教育改革的主题，培养国民教育师资的师范教育成为兴学重点。在早期精英知识分子眼中，师范学校除了有西化的知识体系之外，最为重要、最有特色的当属“所以教弟子”之法的教育学科。因为教育学科能培养教学技巧，教人为师为范，是师范教育的特色所在，故 20 世纪早期的教师，以掌握西化的知识体系、学习教育学科为合格标准。

随着庚款兴学及留学教育从东瀛转向欧美，留学生不断将西方新教育包括师范教育在内的各种理念引介回国。他们发现欧美不仅重视教师的知识素养和教学技能，更重视教师对学生精神和人格的熏陶，因而突破早期培养只重视知识和技能的“教书匠”，而开始主张培养“教育家型”的教师。

从资料看，“教育家”的提法已于清末出现。1906 年，韩梯云在《教育家之现在及将来》一文中，认为教育家是以教育为终身唯一之事业的人，是“天民之先觉者也”，当以国家生命为第一义，其天职在于唤醒，“使人人自完其责任，以扩张公益公利而达之社会者也”[②]。1912 年颁行、1916 年修改的《师范学校规程》明确规定：教育要旨，在授以教育上之普通知识，尤当详于高等小学及国民学校教育之旨趣方法，习其技能，并修养教育家之精神。这里提出的“教育家之精神”，也许是近代最早提及教育家精神的章程规定，也意味着对教师的思考逐渐由传统师道观向教育家精神转变。

那么，何谓教育家？有学者认为，教育“不外革新”，教育家就是“以全副

① 萧承慎．教学法三讲［M］．福州：福建教育出版社，2009：41－42.
② 韩梯云．教育家之现在及将来［J］．直隶教育杂志，1906（15）：1－3.

的精神，研究教育革新的道理，和担任教育革新的事务的人”①。其认为教育家对于教育事业是全身心投入的，他们热心于研究教育革新并致力于教育改革，是富有创造力和充满活力的人。其基于教育家最为内核的教育革新要求主张教育家的精神，至少要有继续的精神、冒险的精神、实行的精神、创造的精神、情愿牺牲于教育的精神、善活动的精神、爱研究和爱发表的精神，爱与学生正当交际的精神。②

20 世纪 20 年代，因为五四运动及其思想大解放，破旧立新、标新立异成为潮流，教育界自然对教师满怀期待，希望教师基于对教育事业的热情和信仰，紧跟时代潮流，有冒险的勇气，去创造、去研究、去影响他人和社会，鼓励教师和学生平等交往，成为学生成长的引路人。随后，国民政府取代军阀统治，相对和平稳定的外在环境促进了教育事业的迅速发展，但依然存在严重的教育危机，如地方恶势力把持教育经费、干涉教育行政、教育派别林立等，这些教育乱象，对教师是极大的挑战，因而更要求教师具备教育家的精神。

1935 年，安徽省教育厅厅长杨廉应邀给光华大学的师范生演讲教育家精神，基于土劣横行、经济破产以及人民对教育不了解的现实困境，认为从事教育者更需要特别的精神，即教育家精神。杨廉所主张的教育家精神，包括服务的精神，以身作则、为人模范的精神，学而不厌、诲人不倦的精神，以及大无畏的牺牲精神。服务的精神，鼓励教师以启蒙民众为满足，不宜过多计较薪资多寡；以身作则、为人模范的精神，强调教师不仅要传授知识，还要教人做人，要以自我的人格成为学生的榜样；学而不厌、诲人不倦的精神，要求教师与时俱进，保持求知的欲望和进修的兴趣，能以传教士的精神去教人、感化人；大无畏的牺牲精神，即勇于斗争，甘于毁誉，不计成败地去改革恶劣的教育环境。③

切换到原因视角，可以认为，清末学者对教育家的认知主要从教育家职责来思考，从教育对人和对社会、国家两个方面立论，是因为受到了西方影响。不过，由于鸦片战争以后日益严重的民族危机，国人对教育的功能认识，更多倾向于国家主义，倾向于教育的目的在于促使人觉醒、促使人明确其责任和义务，个体自我的幸福往往被救国救民所遮蔽。郑晓沧在讨论“经师”和“人师”时，就

①② 王鸿恩．教育家至少应具的精神［J］．云南教育会月刊，1924（3）：6－11.

③ 杨廉．教育家的精神［J］．安徽教育周刊，1935（2）：2－7.

认为授业之“经师”，其重要性实不亚于传道之“人师”①，主要因为近代以救亡为主题，西方科技即“经师”所授之“业”，就是当时强兵富国的希望。

如果说教育的国家主义倾向，使得学者对教育家素养的思考更多集中于信仰、责任、研究和修养等方面，希望教育家以利己之心利人，以教人之心教己，以求利之心求义，以论道之心行道，那么，到新文化运动，“人”被发现，个性主义和因材施教成为教育界关注的重点，这对教师素养提出了新的要求。北京高等师范学校（北京师范大学前身）校长李建勋是较早提倡培养教育家型教师的教育家，他基于传统社会对人师之学问人格的高要求，提出教育家型教师应具备的素养应包括健全人格、职业道德、专业精神。② 与此同时，从美国留学回来的陶行知，面对中国培养少爷和小姐、严重脱离生活实际的教育困境，提出生活教育理论，主张教育与生活相联系，要有“新教员”，“新教员”应具备信仰心、责任心、共和精神、开辟精神以及试验的精神等。

总之，传统社会，由于以智者能者为师，学校教学的对象集中于少数贵族子弟，对于教师的要求，集中于学识素养、道德品格、善教乐教、诲人不倦等方面，从而使其“大有功于斯世”。近代以来，尤其是民国时期，国人受西方教育理念的影响，加上严重的民族危机，教师承担着觉醒民众、培养公民的责任，故而，在传统师道观的基础上，对教师的期待更高，提出教育家精神，在传统师道观的基础上，要求教师具备服务和奉献的精神、革新和创造的精神、启蒙和改造的精神。

但与当前不同，民国时期的教师们针对教育家精神开展的理论宣讲并不多，更多的是在行动中践行，因而，在一片混乱中涌现出大批教育家，这正如曾任耶鲁大学校长的小贝诺·施密德特所认为的——我国民国时期的教育家“灿若星海”。

三、新中国成立以来的教师观

新中国成立以来，我国教师发展经历了社会主义革命和建设时期的初步探索、党的十一届三中全会以后的调整发展、21 世纪以来的高质量均衡发展这几个阶段。初步探索阶段，初步明确教师地位并初步构建教师教育体系；调整发展阶

---

① 王承绪，赵端瑛．郑晓沧教育论著选［M］．北京：人民教育出版社，1993：228－232.

② 李建勋．师道论［J］．教育通讯（汉口），1940（7）：1－3.

段，对教师地位重新肯定并完善教师教育体系；高质量均衡发展阶段，开始重视教师专业发展，教师教育体系开放多元。随着教师教育体系的发展完善，政府和学者的教师观也有了新的变化。

（一）政府层面的教师观

新中国成立以来，历代领导人对教师都极为重视且都有重要论述，这些论述构成了政府层面的教师观，为教师教育体系构建和教师队伍建设指明了方向。

1. 高度重视教师的作用与地位

新中国成立以后，百废待兴，我国的中心工作逐渐转向经济建设。经济建设工作需要更多受过教育的人，徐特立曾经言及，“专家终究是少数人，而国家建设需要广大的人民大众……不能提高人民的文化程度，新民主主义社会国家的建设是不可能的”①。新民主主义革命时期，师范出身的毛泽东十分重视教师在觉醒民众过程中的重要作用，并积极投身于教育实践：从工人夜学教师到小学教员，从小学校长到师范教师，从平民大学的创办者到农民运动讲习所讲师，他一直关注并致力于工农大众教育。新中国成立以后，毛泽东作为党和国家最高领导人，对教师在经济建设中的作用更加重视。在分析国内形势和人民大众的具体情况后，他高屋建瓴地指出，“社会的财富是工人、农民和劳动知识分子自己创造的”②，因此，要发展社会经济，就必须要提高劳动人民的知识水平，就必须要充分发挥教师的重要作用。毛泽东对教师作用和地位的论述，成为新中国成立初期教师工作的重要指南。

党的十一届三中全会以后，随着改革开放及经济迅速发展的需要，加上十年“文化大革命”对教育工作和教师队伍的重大冲击，教师的作用和地位需要被重新肯定。此时，邓小平指出：“一个学校能不能为社会主义建设培养合格的人才，培养德智体全面发展、有社会主义觉悟的有文化的劳动者，关键在教师。”③ 党的十一届三中全会以后，全党工作重点转移到了社会主义现代化建设上，因此，邓小平关于教师是培养合格人才的关键的论断，为教师队伍建设和教育事业作出了重大贡献。尊重知识、尊重教师，是我国改革开放取得成功、科技得到进步的

① 武衡，谈天民，戴永增．徐特立文存：第 3 卷［M］．广州：广东教育出版社，1995：325.

② 中共中央文献研究室．建国以来重要文献选编：第 7 册［M］．北京：中央文献出版社，1993：201.

③ 邓小平．邓小平文选：第 2 卷［M］．2 版．北京：人民出版社，1994：108.

关键。

随着改革开放的深化以及经济全球化的发展，人才数量和质量成为国家竞争的核心。江泽民在继承和发展毛泽东教育思想和邓小平教育理论的基础上，高度重视教师工作，他的教师观成为 21 世纪我国建设高素质、高水平教师队伍的纲领和指南。1994 年，江泽民在全国教育工作会议上指出："落实教育优先发展的战略地位，要求在全党全社会形成和保持尊师重教的良好风气。振兴民族的希望在教育，振兴教育的希望在教师。"① 基于教师在振兴民族和经济建设中的重要地位，江泽民呼吁全社会都要重视教师，为师资队伍建设奠定了重要基调。

21 世纪是一个崭新的世纪、一个继往开来的世纪。面对新世纪新任务，胡锦涛指出，必须坚定不移地实施科教兴国战略和人才强国战略，切实把教育摆在优先发展的战略地位，为全面建设小康社会、实现中华民族伟大复兴提供强有力的人才和人力资源保证，因此，"必须充分发挥广大教师的重要作用。要进一步在全社会弘扬尊师重教的良好风尚"②。

2. 教师要忠诚于党的教育事业

建国兴邦，教育为先。基于教师的重要作用和地位，新中国成立以来的历代领导人都要求教师忠诚于党的教育事业。

早在抗日战争时期，毛泽东在为抗大题词时就提出教师要"忠诚党的教育事业"。新中国成立以后，毛泽东依然重视政治教育，认为"没有正确的政治观点，就等于没有灵魂"③，故而要求人民教师要有坚定正确的政治方向。

党的十一届三中全会以后，邓小平指出教育发展的战略方向是"面向现代化，面向世界，面向未来"。要培养"三个面向"的人才，必然要有"三个面向"的教师，因此，邓小平主张教师队伍要又红又专，所谓"红"，即忠诚党的教育事业，教书育人，为人师表。为此，他要求各级党委和学校党组织"应该热情地关心和帮助教师思想政治上的进步，……使更多的人牢固地树立起无产阶级的共产主义的世界观"④。

随着改革开放的深化和西方思想的引介，国家对教师的政治素质和思想品德

---

① 江泽民．江泽民文选：第 1 卷［M］．北京：人民出版社，2006：371．

② 中共中央政治局集体学习 胡锦涛强调优先发展教育［EB/OL］．(2007－10－10)．https：//www.gov.cn/test/2007－10/10/content_773179.htm．

③ 中共中央文献研究室．毛泽东文集：第 7 卷［M］．北京：人民出版社，1999：226．

④ 邓小平．邓小平文选：第 2 卷［M］．2 版．北京：人民出版社，1994：109．

有了更高的要求。1997 年 6 月 11 日，江泽民在会见高校党建和中小学德育工作会议代表时强调“要把教师的思想道德建设摆在突出地位”，并提出教师队伍建设的“二十四字要求”——努力建设一支“政治坚定、思想过硬、知识渊博、品格高尚、精于教书、勤于育人”的教师队伍。[①]

进入 21 世纪，基于全面建设小康社会和实现中华民族伟大复兴的要求，全面实施素质教育成为教育改革的主题，胡锦涛强调实施素质教育的核心是解决好“培养什么人、怎样培养人”这一根本问题，要加强爱国主义教育，深入开展理想信念教育，引导学生树立正确的世界观、人生观、价值观、荣辱观，增强学生热爱祖国、服务人民的使命感和责任感。而解决上述根本问题的关键在于教师，因此，胡锦涛希望广大教师“以对国家、对人民高度负责的精神，加强师德修养，钻研教学业务，不断开拓创新，扎实做好教书育人工作，努力培养社会主义建设者和接班人”[②]。

3. 既做“经师”又为“人师”的师资标准

前面论及，传统社会的教师已有经师、人师之分，而经师、人师的最大分野，在于知识传授之外，是否涉及传道育人。

毛泽东幼时接受传统教育，青年时期在师范学堂受教，曾经以教师作为理想职业之一，对于经师、人师之要求自是十分熟悉。因此，他主张“要做人民的先生，先做人民的学生”，即教师在传授知识的同时，要看重人民的社会实践，应引导学生树立报效祖国、服务人民的高远志向，培养学生谦逊明礼、实事求是的作风，发扬人民本位的人文精神，倡导民主平等的师生关系，要做人民的先生，做到诲人不倦。同时，毛泽东认为教师必须乐教善教，要注重教学方法的掌握，提倡启发式教学，认为传统的注入式教学“把学生束缚死了”[③]，同时强调教师必须与工农群众相结合，投身工农大众的生产与生活，才能真正了解工农大众，了解人民。

基于党的十一届三中全会以后教师的重要性日益凸显，邓小平在 1978 年全

---

① 加强学校党建和精神文明建设［N］. 人民日报，1997－06－12（1）.

② 胡锦涛考察北京八十中 向全国教师致以节日祝贺［EB/OL］.（2011－09－10）. https：//news. cntv. cn/china/20110910/100269. shtml.

③ 中共中央党史和文献研究院 . 建国以来毛泽东文稿：第 17 册：一九六三年六月——一九六五年一月［M］. 北京：中央文献出版社，2023：304.

国科学大会开幕式上强调“人民教师是培养革命后代的园丁”①，教师不仅要优化业务知识，还要注重教学方法，循循善诱。

2002 年 4 月 28 日，江泽民在考察中国人民大学时指出，古人既已强调“经师易遇，人师难遭”，大学的老师“要做传授知识的‘经师’，更要做善于育人的‘人师’，以自己良好的思想和道德风范去影响和培养学生”②。基于“经师”“人师”合一的要求，江泽民主张教育者“必先受教育，不但要学专业知识、科学文化知识，还要学政治知识、实践知识，以不断丰富和提高教师教书育人的水平”③。

进入 21 世纪，我国普及教育得到实现，均衡和高质量发展成为新的教育追求，对教师的要求更高。2007 年 9 月，在首都教育系统座谈学习中，胡锦涛从职业道德、敬业精神、工作境界和为人师表四个方面，为广大教师指明了努力方向④，希望教师做到敬业（社会责任）、勤业（治学态度）、创业（创新精神）、乐业（道德情操）。⑤

（二）学者倡导的教师观

广大学者在新中国成立以来历代领导人对教师队伍的阐述与要求下，在改革开放以来西方建构主义、人本主义等思潮的影响下，对教师角色、教师素质进行了相应的探讨。

1. 教师角色观

无论是建构主义还是人本主义，都十分重视学生在教育中的地位，提倡尊重学生、关爱学生，重构教师角色，并提出各种各样的教师角色观。

其中，建构主义者提倡在教育活动中以学习者为中心，强调学习者作为认知主体进行主动的知识建构。因此，建构主义者认为教师不是学习过程中的专家和组织者，而是整个教育系统的一个组成部分，他们只是为学习过程创造有利的条件；不是直接向学生传授知识，而是帮助学生建构自己的世界图像和个体经验。

---

① 邓小平．邓小平文选：第 2 卷 [M]．2 版．北京：人民出版社，1994：95.

② 中共中央文献研究室．江泽民论有中国特色社会主义（专题摘编）[M]．北京：中央文献出版社，2002：278.

③ 江泽民．江泽民文选：第 2 卷 [M]．北京：人民出版社，2006：338.

④ 努力办好让人民满意的教育：首都教育系统座谈学习胡锦涛总书记重要讲话精神 [EB/OL]．(2007-09-04)．https：//zqb.cyol.com/content/2007-09/04/content_1881911.htm.

⑤ 广大教育工作者认真学习胡锦涛重要讲话认为：总书记四点希望诠释师道精髓 [EB/OL]．(2007-09-03)．https：//zqb.cyol.com/content/2007-09/03/content_1879946.htm.

教师是知识的助产士、学生学习的辅助者、教学环境的设计者、教学气氛的维持者、教材的提供者。① 基于建构主义对教师角色的认知，师生关系的建构至关重要，教师既要尊重学生的兴趣和主观建构，也不能放任学生自流。

人本主义教育家弗洛姆主张教师即爱的实践者，教师的爱如关心、责任、尊重和了解，会感染学生，使学生懂得爱。因此，爱是教育活动中发挥教育力量的基础。马斯洛认为教师即激励者，主张教育活动应以人的发展为中心，促进人的各种潜能开发，满足人多层次的心理需要，使之成为完整的人。因此，教师的作用就在于激发学生的学习动机，发展学生的潜能和积极向上的自我意识，引导学生达成自我实现。罗杰斯则反对知识富翁、绝对权威的传统教师观，强调教师即促进者，教师在学生学习过程中的角色只是一个侍者，他的身份不是教导者，而是学生学习过程的催化剂和助力者。因此，在人本主义者看来，教师的任务在于提供一种促进学习的气氛和允许学生自由选择的学习环境，使学生知道如何学习。②

受西方各种思潮的影响，改革开放以来的教师观对教师只是知识的传授者、教师在师生关系中处于权威地位等传统观念进行了批判，并对教师角色及师生关系进行了重思和重构，提出了各种各样的新的教师角色观。这些新的教师角色观，既是学界对西方思潮的回应，也是对一线教师提出的新挑战，是其进行教育实践活动的新指南。

2. 教师素质观

教师角色观的变化，必然要求教师具备新的素养。建构主义者虽然否认教师传授知识的作用，但强调学生知识的建构性，因而要求教师应具备深厚的专业知识，包括学科知识和教育教学等相关知识，从而便于在教学中指导学生建构知识体系，帮助学生在实际情境中应用所学知识。同时，建构主义者强调学生的主体性和自主性，因此要求教师具备教学设计和组织能力，以便为学生提供个性化的教学活动和学习资源。此外，建构主义者指出教师需要具备反思能力和研究能力，以不断提高和完善自己，更好地指导学生。

人本主义者则强调教师的人格魅力、创造性、自我实现能力和优秀的人际品质。如弗洛姆认为，教师要成为优秀的教师，首先要成为真正的人；罗杰斯基于

---

① 张桂春．简论建构主义教师观［J］．教育科学，2006（1）：49－52.

② 朱霞，何齐宗．人本主义的教师观［J］．教育学术月刊，2009（10）：6－9.

自我的切身体验，认为“唯有人才能发展人”，强调教师必须要具有创造性，因为只有有创造性的教师，才能创造机会让学生自己评价、自己选择，才能使学生成为独立自主的人。自我实现是人本主义的核心内容之一，马斯洛把自我实现看作一种需要或愿望，即通过发挥自己的本性和潜力达到能实现的最高境界。只有真正达到自我实现的教师，才能创造出使学生充分发挥其潜能的学习氛围，才能使学生获得自我实现。此外，人本主义者还十分重视教师的人际交往能力，他们认为，教师只有具备较强的人际交往能力，才能进入学生的内心世界，与学生建立密切融洽的关系，才能真正做到尊重和关爱学生，促进学生人格成长。

总之，新中国成立以来我国的教师观，大体发生了从社会主义革命和建设时期的人民教师，到改革开放以来注重奉献、注重反思和专业化的教师的转向。这种转向，反映了我国教师观融合传统与西方理念的变迁过程。从政府层面到学者视野，教师观从政策层面转向思想建构，并最终走向实践，成为一线教师自我成长和教育活动的指南。

思考与练习

1. 试述教师的概念起源及其名称变迁。

2. 田正平、章小谦认为：“在中国近代教育史上，用来表达教育者概念的词语，经历了从教官到教习，从教习到教员，从教员到教师的三次变换。”请结合教材，试述其中“教习”名称的演变原因。

3. 古代人师和近代教育家有何异同?

4. 民国时期的教育家精神有何特征?

5. 研读《旧唐书・韩愈传》中的这段文字，说说其中展现了韩愈的哪些精神?

> 臣受性愚陋，人事多所不通，唯酷好学问文章，未尝一日暂废，实为时辈推许。臣于当时之文，亦未有过人者。至于论述陛下功德，与《诗》《书》相表里。作为歌诗，荐之郊庙，纪太山之封，镂白玉之牒；铺张对天之宏休，扬厉无前之伟迹；编于《诗》《书》之策而无愧，措于天地之间而无亏。虽使古人复生，臣未肯多让。伏以大唐受命有天下，四海之内，莫不臣妾南北东西，地各万里。自天宝之后，政治少懈，文致未优，武克不纲。孽臣奸隶，外顺内悖；父死子代，以祖以孙。如古诸侯，自擅其地，不朝不贡，六

七十年。四圣传序，以至陛下，躬亲听断，干戈所麾，无不从顺。宜定乐章，以告神明；东巡泰山，奏功皇天，使永永万年，服我成烈。当此之际，所谓千载一时，不可逢之嘉会。而臣负罪婴衅，自拘海岛，戚戚嗟嗟，日与死迫；曾不得奏薄伎于从官之内、隶御之间，穷思毕精，以赎前过。怀痛穷天，死不闭目！瞻望宸极，魂神飞去。伏惟陛下，天地父母，哀而怜之。

第二章 新时代中国特色的教师观

大家箴言

教师是人类灵魂的工程师，是人类文明的传承者，承载着传播知识、传播思想、传播真理，塑造灵魂、塑造生命、塑造新人的时代重任。①

——习近平

学习目标

1. 理解新时代中国特色教师观的形成过程。
2. 掌握新时代中国特色教师观的科学内涵。

内容导航

- 第二章　新时代中国特色的教师观
  - 第一节　新时代中国特色教师观的形成过程
    - 一、“四有”好老师
    - 二、“四个引路人”
    - 三、“四个相统一”
    - 四、“经师”“人师”相统一
    - 五、思政课教师“六要”
    - 六、大先生
  - 第二节　新时代中国特色教师观的科学内涵
    - 一、关于教师的角色
    - 二、关于教师的价值

① 习近平在全国教育大会上强调 坚持中国特色社会主义教育发展道路 培养德智体美劳全面发展的社会主义建设者和接班人［N］. 人民日报，2018－09－11（1）.

第一节 新时代中国特色教师观的形成过程

党的十八大以来，习近平在多个场合围绕什么是好老师，如何认识教师，采用什么方法、通过什么路径建设教师队伍等重大问题，提出了一系列新观点新思想，形成了新时代中国特色的教师观。新时代中国特色教师观的形成是一个系统性、阶段性的过程，经历了从“四有”好老师到“四个引路人”“四个相统一”、从精通专业知识的“经师”到涵养德行的“人师”、从思政课教师“六要”的标准到为人示范的“大先生”和具有“教育家精神”的要求的过程。

一、“四有”好老师

习近平指出：一个人遇到好老师是人生的幸运，一个学校拥有好老师是学校的光荣，一个民族源源不断涌现出一批又一批好老师则是民族的希望。① 而关于什么是“好老师”，则以 2014 年 9 月 9 日习近平在同北京师范大学师生代表座谈时提出的“四有”作为标准。

（一）要有理想信念

教师的理想信念就是教书育人、为未来播种，这意味着好老师的责任，不仅是在教书育人中传授前人留下的宝贵知识与经验，更重要的是要在学生心中播下对美好未来向往与憧憬的种子。只有这样，我们的学生才能成为心怀远大理想的新一代。② 正如习近平所指出的：

> 我们的教育是为人民服务、为中国特色社会主义服务、为改革开放和社会主义现代化建设服务的，党和人民需要培养的是社会主义事业建设者和接班人。好老师的理想信念应该以这一要求为基准。广大教师要始终同党和人民站在一起，自觉做中国特色社会主义的坚定信仰者和忠实实践者，忠诚于党和人民的教育事业，自觉把党的教育方针贯彻到教学管理工作全过程，严

---

① 习近平在北京市八一学校考察时强调 全面贯彻落实党的教育方针 努力把我国基础教育越办越好［N］. 人民日报，2016-09-10(1).

② 余国良，黄部兵 . 关于“好老师”的特质研究［J］. 教育理论与实践，2015（26）：31.

肃认真对待自己的职责……好老师应该做中国特色社会主义共同理想和中华民族伟大复兴中国梦的积极传播者，帮助学生筑梦、追梦、圆梦，让一代又一代年轻人都成为实现我们民族梦想的正能量。①

可见，好老师所要树立的理想信念，应以“为人民服务、为中国特色社会主义服务、为改革开放和社会主义现代化建设服务”为基准，以培养党和人民所需要的社会主义事业建设者和接班人为工作目标基准。具有如此理想信念的人，才有可能成为好老师，才能抓住教育之魂。缺乏理想信念的教师，无法成为真正影响学生人格成长的“人师”，甚至也做不好传授知识的“经师”。优秀教师应是“经师”与“人师”的统一，不仅精通学术，更心怀国家与民族，担负起培养下一代、播种未来的重任，这是教师职业的最高境界。

（二）要有道德情操

道德情操引领老师直面人生境遇中的许多问题。一个有道德情操的老师不会只关注个人利益，而会将视野投向关于学生可持续发展所需的性情、人格和思想品质问题。② 老师的人格力量和魅力，不仅源于其学识和能力，更在于其为人处世所秉持的价值观。只有具备高尚道德情操的老师，才能成为学生人生道路上的引导者，才能率先垂范，引领学生树立正确的世界观、人生观、价值观。正如习近平所指出的：

老师的人格力量和人格魅力是成功教育的重要条件。“师也者，教之以事而喻诸德者也。”老师对学生的影响，离不开老师的学识和能力，更离不开老师为人处世、于国于民、于公于私所持的价值观。一个老师如果在是非、曲直、善恶、义利、得失等方面老出问题，怎么能担起立德树人的责任？广大教师必须率先垂范、以身作则，引导和帮助学生把握好人生方向，特别是引导和帮助青少年学生扣好人生的第一粒扣子。③

（三）要有扎实学识

好老师应该是智慧型的老师，具备学习、处世、生活、育人的智慧，能够在

---

① 习近平：做党和人民满意的好老师：同北京师范大学师生代表座谈时的讲话（2014 年 9 月 9 日）[EB/OL]．（2014－09－10）．http：//jhsjk.people.cn/article/25629946.

② 杨修平．习近平总书记“四有”好老师的教育哲学意蕴 [J]．中国教育学刊，2018（7）：77.

③ 同①.

各个方面给学生以帮助和指导。因此，在教师教育中不能仅仅局限于教师专业能力的提升，也要关注教师的全面发展，培养教师广博的知识和视野，增长其心智。① 习近平谈道：

> 老师自古就被称为“智者”。俗话说，前人强不如后人强，家庭如此，国家、民族更是如此。只有我们的孩子们学好知识了、学好本领了、懂得更多了，他们才能更强，我们的国家、民族才能更强。
>
> 扎实的知识功底、过硬的教学能力、勤勉的教学态度、科学的教学方法是老师的基本素质，其中知识是根本基础。学生往往可以原谅老师严厉刻板，但不能原谅老师学识浅薄。“水之积也不厚，则其负大舟也无力。”知识储备不足、视野不够，教学中必然捉襟见肘，更谈不上游刃有余。②

教师作为“智者”的核心价值在于以扎实学识夯实教育根基，知识储备是教学能力的根本支撑。习近平以“水之积也不厚，则其负大舟也无力”的隐喻警示学识浅薄对育人效能的重大削弱，阐明知识深度决定教育高度、教师学识厚度影响人才培养质量的内在逻辑。

（四）要有仁爱之心

好老师应为仁师，以爱为基。老师的爱能启迪学生心智，滋养学生心灵。对岗位、学生及美好事物的热爱，是教育成功的关键。正如习近平所指出的：

> 教育是一门“仁而爱人”的事业，爱是教育的灵魂，没有爱就没有教育。好老师应该是仁师，没有爱心的人不可能成为好老师。高尔基说：“谁爱孩子，孩子就爱谁。只有爱孩子的人，他才可以教育孩子。”教育风格可以各显身手，但爱是永恒的主题。爱心是学生打开知识之门、启迪心智的开始，爱心能够滋润浇开学生美丽的心灵之花。老师的爱，既包括爱岗位、爱学生，也包括爱一切美好的事物。③

仁爱是一种大爱。作为一名教师，应将爱的点滴化为工作的全过程，要明白

---

① 杨明全，岳鑫．习近平新时代教师队伍建设重要论述的丰富内涵：兼论我国教师培养的时代使命[J]．教师教育研究，2023（6）：1－6，28.

②③ 习近平：做党和人民满意的好老师：同北京师范大学师生代表座谈时的讲话（2014年9月9日）[EB/OL]．（2014－09－10）．http：//jhsjk.people.cn/article/25629946.

对学生的爱应是一种宽严相济的爱。当学生的学习出现困难，意志上遭受难以承受的压力时，教师要及时发现，用爱的语言和行动去鼓励学生，让他们懂得梅花香自苦寒来的道理。①

二、“四个引路人”

2016年9月9日，习近平在北京市八一学校考察时，提出了“四个引路人”，强调广大教师要做学生锤炼品格的引路人，做学生学习知识的引路人，做学生创新思维的引路人，做学生奉献祖国的引路人。习近平强调，基础教育是立德树人的事业，是提高民族素质的奠基工程，要旗帜鲜明加强思想政治教育、品德教育，加强社会主义核心价值观教育，引导学生自尊自信自立自强；要大力推进素质教育，遵循青少年成长特点和规律，学校要办出特色，教师要教出风格。②

（一）做学生锤炼品格的引路人

锤炼学生品格是落实立德树人根本任务的本质要求，关系到培养什么人这一教育的首要问题。广大教师应该以“铸魂育人”为己任，帮助学生铸造灵魂、培育新生。其一，要做到政治要强，把握正确的政治方向，树立坚定的共产主义信仰，在马言马。在此基础上，引导学生形成较强的政治意识、树立政治理想、提高政治能力。其二，要以德立身、以德立学、以德施教、以德育德，以堂堂正正的人格当好学生之模范，引领方向、感召人心，并及时帮助学生澄清思想困惑，有意识地锻炼学生的意志品质，引导学生将内化于心的道德品质外化于行，付诸实践。

（二）做学生学习知识的引路人

习近平指出，教师是传播知识、传播思想、传播真理的工作，是塑造灵魂、塑造生命、塑造人的工作，理应受到尊敬，要在全社会弘扬尊师重教的良好风尚。③

做学生学习知识的引路人，就是要培养学生崇尚真知、乐学好学、不死读书

---

① 夏文斌．引导教师做“四有”好老师［J］．中国高等教育，2019（Z3）：78．

②③ 习近平在北京市八一学校考察时强调 全面贯彻落实党的教育方针 努力把我国基础教育越办越好［N］．人民日报，2016-09-10（1）．

的能力，发展学生四能，即能发现问题、能提出问题、能分析问题、能解决问题。提升学生的人文积淀和审美情趣，实现从“学习知识”到“学会学习”的转化、从“学习知识”到“提升关键能力与养成重要品质”的转化。① 教师这一职业具有特殊性质和社会价值，在传授学生知识的基础上，还需要培养学生的学习方法、思维方式与人格品质。

（三）做学生创新思维的引路人

习近平指出，素质教育是教育的核心，教育要注重以人为本、因材施教，注重学用相长、知行合一，着力培养学生的创新精神和实践能力，促进学生德智体美全面发展。②

具有扎实学识、思维新、视野广的教师，才能做学生创新思维的引路人。一方面，要坚持辩证唯物主义和历史唯物主义，创新课堂教学，给学生深刻体验，引导学生树立正确的理想信念、学会正确的思维方法。另一方面，要有知识视野、国际视野、历史视野。在信息时代做好老师，自己所知道的必须大大超过要教给学生的知识范围，不仅要有胜任教学的专业知识，还要有广博的通用知识和宽阔的胸怀视野。③ 因此，教师要做学生创新思维的引路人，需要拓展自身的知识面、提高自身的教学创新能力，通过素质教育，让学生在创新课堂与实践中提升创新思维能力。

（四）做学生奉献祖国的引路人

做学生奉献祖国的引路人，重点是强调教师队伍建设在思想政治领域的责任。习近平希望广大教师认清肩负的使命和责任，教育和引导学生热爱祖国、热爱人民、热爱中国共产党，教育和引导学生心中要有国家和民族、意识到肩负的责任，牢固树立为祖国服务、为人民服务的意识，立志成为党和人民需要的人才。④ 为此，教师要引导学生从小逐步树立成为社会主义建设者和接班人的理想信念。在引导学生奉献祖国的过程中，教师在精神层面要牢固坚定“四个自信”，在行为层面要成为学生的爱国典范。同时，要坚决反对崇洋和西化，在青少年的

---

① 宋乃庆，罗士琰，肖林．新时代中国好教师培育刍议［J］．中国大学教学，2018（7）：17－21，35．

② 习近平在北京市八一学校考察时强调 全面贯彻落实党的教育方针 努力把我国基础教育越办越好［N］．人民日报，2016－09－10（1）．

③ 李玉珠，王旭东．教师必须具有担负教育神圣使命的自觉［J］．中国高等教育，2022（10）：27．

④ 同②．

价值引导上，要坚守政治责任和教育责任。①

三、“四个相统一”

“四个相统一”，是 2016 年 12 月习近平在全国高校思想政治工作会议上提出的。具体内容是：坚持教书和育人相统一，坚持言传和身教相统一，坚持潜心问道和关注社会相统一，坚持学术自由和学术规范相统一。

教师的使命在于教书育人，培养社会主义建设者和接班人。教书、育人二者不可分割，统一于培养社会主义合格建设者和可靠接班人的实践过程之中。将教书与育人二者有机地结合统一并落实到教学活动中，既需要言传，也需要身教。所以，作为教师，一方面，要坚持求学问道，要站在人民立场上，关注人类社会生活的本质和社会发展的规律，掌握科学方法，在实践中摸索，勇于探索、善于回答时代提出的命题，彰显学问价值；另一方面，自身需要恪守积极乐观、健康向上的人生态度，并把这种态度渗透到自己的言行中，传递给自己的学生，把言传与身教统一到探索“培养什么人、怎样培养人、为谁培养人”的伟大事业中。

值得一提的是，“四个相统一”的要求，虽然是习近平在全国高校思想政治工作会议上提出的，但适用于各级各类学校的所有教师。教师队伍承担着办好人民满意教育的重任，是打造中华民族“梦之队”的筑梦人；只有每一位教师都坚持“四个相统一”，才能担负起塑造灵魂、塑造生命、塑造新人的时代重任。

四、“经师”“人师”相统一

习近平在 2014 年教师节前夕同北京师范大学师生代表座谈时，首次提到教师既是经师更是人师。2019 年 3 月 18 日，习近平在学校思想政治理论课教师座谈会上，强调了“经师易求，人师难得”。2022 年 4 月 25 日，习近平在中国人民大学考察时，再次提到“经师”与“人师”，期望教师们既精通专业知识、做好“经师”，又涵养德行、成为“人师”，努力做精于“传道授业解惑”的“经师”和“人师”的统一者。

在 2014 年教师节前夕同北京师范大学师生代表座谈时，习近平指出：

---

① 冉亚辉．习近平总书记关于教师队伍建设重要论述的理论特质论析［J］．教育理论与实践，2020(13)：39.

> 唐代韩愈说："师者，所以传道授业解惑也。""传道"是第一位的。一个老师，如果只知道"授业"、"解惑"而不"传道"，不能说这个老师是完全称职的，充其量只能是"经师"、"句读之师"，而非"人师"了。古人云："经师易求，人师难得。"一个优秀的老师，应该是"经师"和"人师"的统一，既要精于"授业"、"解惑"，更要以"传道"为责任和使命。①

可见，"经师"与"人师"是教师职业的两个重要维度，二者相辅相成、缺一不可。"经师"侧重于知识的传授，要求具备扎实的专业知识和高超的教学技能，能够引导学生在学术道路上不断前行；"人师"则更强调品德的塑造，要求以高尚的道德情操、坚定的理想信念为学生树立榜样，引领学生树立正确的世界观、人生观、价值观。只有将"经师"与"人师"相统一，教师才能真正成为学生成长道路上的引路人，为培养德智体美劳全面发展的社会主义建设者和接班人贡献智慧与力量。

五、思政课教师"六要"

思政课教师"六要"，是2018年习近平在全国教育大会上发表重要讲话《思政课是落实立德树人根本任务的关键课程》时提出来的，是对思政课教师素养的要求。"六要"的具体内涵是②：

（一）政治要强

思政课具有强烈的意识形态属性。思政课要解决学生理想信念问题。要让有信仰的人讲信仰。对马克思主义的信仰、对社会主义和共产主义的信念，只有首先在思政课教师心中扎下根，才能在学生心中开花结果。思政课教师只有自己信仰坚定，对所讲内容高度认同，做学习和实践马克思主义的典范，才能讲得有底气，讲深讲透，才能有效引导学生真学、真懂、真信、真用。

（二）情怀要深

情怀是马克思主义理论的鲜亮底色，是思政课教师的重要素养。习近平强调，思政课要引导学生立德成人、立志成才。只有打动学生，才能引导学生。思

① 习近平：做党和人民满意的好老师：同北京师范大学师生代表座谈时的讲话（2014年9月9日）[EB/OL].（2014-09-10）. http://jhsjk.people.cn/article/25629946.

② 习近平：思政课是落实立德树人根本任务的关键课程[EB/OL].（2020-08-31）. http://jhsjk.people.cn/article/31843368.

政课教师要有家国情怀，心里要装着国家和民族，在党和人民的伟大实践中关注时代、关注社会，汲取养分、丰富思想。思政课教师还要有传道情怀，对马克思主义理论教育事业投入真情实感，对思政课教育教学有执着追求，用自己的仁爱情怀，把对家国的爱、对教育的爱、对学生的爱融为一体，心中始终装着学生，让思政课成为一门有温度的课程。

（三）思维要新

要帮助和引导学生学会正确、科学的思维方法，全面认识事物和正确辨识是非。正如习近平所强调的，思政课教学是一项非常有创造性的工作，要学会辩证唯物主义和历史唯物主义，善于运用创新思维、辩证思维，善于运用矛盾分析方法抓住关键、找准重点、阐明规律，创新课堂教学，给学生深刻的学习体验。

（四）视野要广

人的视野决定人的格局，而格局决定结局。习近平强调，思政课教师要有知识视野，除了具有马克思主义理论功底之外，还要广泛涉猎其他哲学社会科学以及自然科学的知识。要有宽广的国际视野，还要有 5 000 多年中华文明史的历史视野，从而能通过生动、深入、具体的纵横比较，把一些道理讲明白、讲清楚。

（五）自律要严

这是思政课教师对自身特殊角色定位的严格要求。习近平强调，思政课教师对自己要求要严格，既要遵守教学纪律，也要遵守政治纪律和政治规矩，做到课上课下一致、网上网下一致，不能在课上讲得不错却在课下乱讲，不能在现实生活中表现不错却在网上乱说。思政课教师掌握着课堂的主导权和话语权，一定要自觉弘扬主旋律，积极传递正能量。但同时，遵守纪律，并不意味着不能讲矛盾、碰问题，而是要用马克思主义辩证唯物主义思想讲清讲透，不能只看表面。

（六）人格要正

教师的人格力量和人格魅力是成功教育的重要条件。习近平强调，思政课教师要有堂堂正正的人格，用高尚的人格感染学生、赢得学生。要自觉做到修身修为，像曾子那样“吾日三省吾身”，像王阳明那样“诚意正心”“知行合一”，自觉做为学为人的表率，做让学生喜爱的人。①

---

① 习近平：思政课是落实立德树人根本任务的关键课程［EB/OL］．（2020－08－31）．http：//jhsjk.people.cn/article/31843368.

总之，思政课教师政治强、情怀深，学生对所学才能真信；思政课教师思维新、视野广，学生对所学才能真懂；思政课教师自律严、人格正，学生对所学才能真用。当学生被教师的学识和人格魅力所感染时，才能自觉地把教师的教导转化为自己的实际行动。“六要”为全体思政课教师提升教学能力、增强育人本领指明了目标和方向，成为思政课教师不断完善自我的根本遵循。①

六、大先生

2021 年 4 月 19 日，习近平在清华大学考察时提出：“教师要成为大先生，做学生为学、为事、为人的示范，促进学生成长为全面发展的人。”②

（一）以德立身

德行高尚是大先生获得认可和尊重所不可或缺的条件，也是大先生展示在世人面前的精神特征。无论是学生还是士君子与老百姓，在审视大先生时都以德行作为基本标准。古代的大先生往往生活拮据但却不以为意，面对功名利禄或高官显贵都能坚持本心，坚守道德与正义不动摇，沿着圣贤指引的道路坚定不移地走下去。对自己能严格自律，对不良风气能勇于批判，对学生能以忠恕之道宽厚待之。这样的形象与行为博得了世人的尊重，也以此引导了学生，成为立德树人的典范。③ 教师的言行举止、道德情操等都能对学生持续产生影响，教师应时刻注重自身品德修养的提升，做到言行一致、以身作则。在日常教学和与学生的互动中，展现出诚实守信、正直善良、关爱他人等优秀品质，以自身的良好形象引导学生树立正确的价值观和道德观，提升学生的品德修养和人格魅力。

（二）以德立学

以德立学，要求教师在学术研究和教学过程中秉持严谨的治学态度和高尚的学术道德，不断追求知识真理、精进学术，勤奋钻研、勇于探索，提高自身的专业素养和学术水平。同时，以自身的学术道德和专业素养为学生树立榜样，引导学生养成良好的学习态度和科学精神。

---

① 邓奎伟. 再论思政课教师“六个要”的科学内涵与实践要求 [J]. 河南教育（高教），2025（1）：32.

② 习近平在清华大学考察时强调 坚持中国特色世界一流大学建设目标方向 为服务国家富强民族复兴人民幸福贡献力量 [EB/OL].（2021-04-19）. http：//jhsjk.people.cn/article/32082047.

③ 李长吉. 中国古代大先生的精神形象及其自我涵育 [J]. 山东师范大学学报（社会科学版），2025（3）：53-64，181.

（三）以德施教

大先生之大，在于有大技艺、有精湛的诲人之道。学生并非完全被动地接受教师所授内容，而是根据自己原有的知识结构与价值观念对教师所授内容进行筛选、吸收与重构。① 以德施教，是指教师在教育教学过程中以学生为中心，关爱学生、尊重学生，关注学生的全面发展和个性差异，因材施教，努力让每个学生都能在学习中获得成功和成长。教师要以仁爱之心和教育智慧，关心学生的身心健康，理解学生的需求和困惑，激发学生的学习兴趣和内在动力，引导学生树立正确的学习目标和远大的理想。在教学方法上，注重启发式、探究式教学，培养学生的自主学习能力和创新思维，使学生在掌握知识的同时、学会学习、学会做人，学会合作，成为德智体美劳全面发展的社会主义建设者和接班人。

继上述对于教师的殷切期望之后，2023 年教师节前夕，习近平提出了中国特有的教育家精神。② 关于这一极其重要的论述，本书将于第三章到第八章进行细致分析与学习，在此不赘。

第二节　新时代中国特色教师观的科学内涵

新时代中国特色教师观揭示了新时代教师角色、教师价值、教师的标准与素质等，具有深刻的内涵和严谨完整的内在逻辑关系。关于教师的标准与素质，本章第一节在探讨新时代中国特色教师观的形成过程时已经顺带介绍，这一节仅就教师角色、教师价值进行探讨。

一、关于教师的角色

教师角色是社会对教师职能的期待和要求。不同时代、不同社会对教师的角色既有共同的期待和要求，又有受制于特定历史时代的期待和要求。习近平应势

---

① 项赠．新时代“大先生”的科学内涵与实现路径［J］．学校党建与思想教育，2022（20）：23－24.

② 习近平致信全国优秀教师代表强调 大力弘扬教育家精神 为强国建设民族复兴伟业作出新的更大贡献［EB/OL］．（2023－09－10）．http：//jhsjk.people.cn/article/40074132.

而谋，从不同层面指出了新时代教师应具有的角色定位。①

（一）教师是“大先生”

习近平在多个场合提到“大先生”，寄语广大教师要成为学生为学、为事、为人的典范。告诫教师要研究真问题，着眼于学术前沿和国家重大需求；要坚定信念，始终与党和人民站在一起。习近平提出的“大先生”是对我国教师角色的希冀和定位，饱含了对教师广博学识和崇高人格的期待，也饱含了对教师坚定信念和时代担当的期待，与教育家们的思想一脉相承、与时俱进，凝聚了我国教育实践的智慧。

“先生”是对年长而又有德业者的敬称，从本书第一章我们得知，古代社会很早就把以授童子为业的长者敬称为“先生”。古人眼中的“先生”代表了高尚的品德和学识，“志于道，据于德，依于仁，游于艺”（《论语·述而》）。古人对“先生”的理解和要求，为后人对“先生”的认识和期待提供了坚实的历史基础和理论支撑。顾明远将21世纪教师所需具备的素养概括为职业意识、渊博知识、良好心理素质和思想品质②，这与古代对教师素养和角色的要求一脉相承。

当然，大先生的概念也是与时俱进的，只有体现新时代国家教育发展的方向，才能更好地引领广大教师完成教书育人的使命。③ 新时代，大先生须要心怀“国之大者”，心系国家和人民，有大格局、大担当。教师是立教之本、兴教之源，教师的质量决定教育的整体质量，教师自身的价值观深刻影响着学生的价值观，大先生要有强烈的民族精神和爱国精神，特别是要有为党育人、为国育才的责任感和使命感。此外，大先生还要有大视野、大境界：大视野要求思维要新、视野要广，要以知识立身，勤学不辍、开放兼容；大境界要求政治要强、情怀要深、自律要严、人格要正，要以赤诚之心、奉献之心、仁爱之心投身教育事业。④

（二）教师是引路人

前面提到，2016年习近平在北京市八一学校考察时提出教师要做学生的“四

---

① 田国秀，刘海芳．习近平总书记关于教师的论述的理论内涵与思想特征［J］．教育研究，2019（8）：8-12.

② 顾明远．顾明远文集：第9卷［M］．北京：北京师范大学出版社，2018：60.

③④ 杨明全，岳鑫．习近平新时代教师队伍建设重要论述的丰富内涵：兼论我国教师培养的时代使命［J］．教师教育研究，2023（6）：2.

个引路人”。2018 年 1 月颁布的《中共中央 国务院关于全面深化新时代教师队伍建设改革的意见》明确规定教师要全心全意做“四个引路人”。①

教师引导学生全面发展，是做好“四个引路人”的关键。学生发展是一个思维优化、贡献社会，知识能力和思想道德之间相互协同、共同作用的过程。这就要求教师同时做好学生锤炼品格、学习知识、创新思维、奉献祖国的引路人。②同时，习近平强调了学生的积极性、主动性。教师要在学生主动锤炼品格、汲取知识、创新创造、奉献祖国的过程中，发挥积极的引导作用，就得首先接受良好的教育，使自身具备深厚的知识积淀和高水平的综合素养。而且，教师通常面对的是青少年，要基于其好奇、好动等阶段性特点，充分发挥其主动性，进行有针对性的系统引导，既符合教育规律，又贴合青少年的身心发展规律。青少年处于人生发展的“拔节孕穗期”，需要教师进行全方位引导，为党育人、为国育才。③

教师当好了“四个引路人”，就当好了灵魂的塑造者。当代社会，每个人都要接受教育，都要受到教师的影响。习近平要求教师当好“四个引路人”，使抽象含蓄的“灵魂塑造者”“灵魂工程师”落实到切实可行的人生引路人。

此外，教师当好了“四个引路人”，也就当好了改革的奋进者、扶贫的先行者。2015 年，习近平在给“国培计划（2014）”北京师范大学贵州研修班参训教师的回信中写道：

> 希望你们牢记使命、不忘初衷，扎根西部、服务学生，努力做教育改革的奋进者、教育扶贫的先行者、学生成长的引导者，为贫困地区教育事业发展、为祖国下一代健康成长继续作出自己的贡献。④

确实，教师是国家建设发展大军中不可或缺的力量。经济和教育发展不均衡是我国当前的基本国情，在解决这一问题的过程中，教师能够发挥巨大作用。

最后，教师当好了“四个引路人”，也就当好了文明的传承者、民族的筑梦人。教师作为知者、智者，是传播知识和传承文明的重要纽带，在传播知识、传

---

① 中共中央 国务院关于全面深化新时代教师队伍建设改革的意见［EB/OL］.（2018－01－31）. https：//www.gov.cn/zhengce/2018－01/31/content_5262659.htm.

② 习近平在北京市八一学校考察时强调 全面贯彻落实党的教育方针 努力把我国基础教育越办越好［N］. 人民日报，2016－09－10（1）.

③ 薛二勇，李健．教育强国建设进程中教师队伍建设的战略与路径：习近平总书记关于教师的重要论述的逻辑与理论体系［J］. 民族教育研究，2024（2）：45.

④ 习近平讲故事：扶贫必扶智［EB/OL］.（2018－09－06）. http：//jhsjk.people.cn/article/30274949.

承文明的过程中，也推动着国家的发展和民族的繁荣。[①]

二、关于教师的价值

教师的价值包含个人、学校、国家三个层面，形成了相互联系、相互促进的有机整体。从个人层面来看，教师引领个体生命充盈与内在完善；从学校层面来看，教师助力学校改革与发展；从国家层面来看，教师承载教育强国建设的使命。

（一）引领个体生命充盈与内在完善

一个人遇到好老师是人生的幸运。[②] 确实，教师对学生的影响是多方面的，对个人而言，教师的价值和作用不可估量、影响深远。正如习近平所指出的："教过我的老师很多……他们教给我知识、教给我做人的道理，让我受益无穷。"[③]在学生的成长过程中，教师对学生的知识获得、能力锻炼、品格养成等均具有引领作用，换言之，教师对学生的影响是全方位的。[④] 好老师能运用教育智慧卓有成效地实现立德树人根本任务，促进学生生命的充盈与内在的完善。每个人的人生经历中，都离不开老师，老师用知识开启一个人求知的大门，用智慧铺垫一个人求学的道路，用人格塑造一个人做人的品行，老师深刻影响着个体的生命历程。[⑤]

（二）助力学校改革与发展

"所谓大学者，非谓有大楼之谓也，有大师之谓也"[⑥]，习近平引用的梅贻琦的这句话，说明了大学之所以成为大学的根本是拥有大师——好老师中的好老师。大学的发展靠老师，中学、小学、幼儿园也是如此。学校的存在与发展归根结底取决于教师，教师是学校发展与改革的主力军，是教学质量提升的人力保障，是学校风气的核心，是学生发展的重要引导者，所谓"百年大计，教育为

---

① 田国秀，刘海芳．习近平总书记关于教师的论述的理论内涵与思想特征［J］．教育研究，2019（8）：8－12.

②③ 习近平：做党和人民满意的好老师：同北京师范大学师生代表座谈时的讲话（2014年9月9日）［EB/OL］．（2014－09－10）．http：//jhsjk.people.cn/article/25629946.

④ 石娟，尹盈欢．习近平教师观的理论逻辑与实践启示［J］．教师教育论坛，2021（1）：10.

⑤ 同①.

⑥ 习近平：青年要自觉践行社会主义核心价值观：在北京大学师生座谈会上的讲话（2014年5月4日）［EB/OL］．（2014－05－05）．http：//jhsjk.people.cn/article/24973220.

本；教育大计，教师为本”，说的就是好老师的作用。

（三）承载教育强国建设的使命

“三寸粉笔，三尺讲台系国运；一颗丹心，一生秉烛铸民魂。”① 党的二十大报告指出，“深入实施科教兴国战略、人才强国战略、创新驱动发展战略”，“加快建设教育强国、科技强国、人才强国”，“教育是国之大计、党之大计”②。教育强国建设，从教育内部来看，关键是建成高质量的教育体系。③ 而强教必先强师，教育强国建设离不开强大的教师队伍支撑，高素养专业化创新型教师队伍建设是建设高质量教育体系、推进中国教育现代化的第一资源和关键主体。④ 因此，具备高水平的教师队伍是推动我国教育强国建设的题中应有之义。新时代，教师是实现国家繁荣、民族振兴、人民幸福的重要基石⑤，肩负为党育人、为国育才，以及培养德智体美劳全面发展的社会主义建设者和接班人的特殊使命，是实现中华民族伟大复兴的重要力量。很大程度上可以认为，目前我国的教育工作者，既生逢其时，又重任在肩，要大力弘扬教育家精神，为建设教育强国矢志担当作为。

思考与练习

1. 简述新时代中国特色教师观的大致形成过程。

2. 请结合新时代中国特色教师观的重要论述，从专业素养、师德师风、教育使命等方面谈谈对“教师是教育发展的第一资源”的理解。

3. 如果你是一名班主任，请设定你所任教学校与任教班级的具体情况，并基于这些情况，谈谈你将如何在班级管理中更好地践行新时代中国特色教师观。

---

① 习近平：做党和人民满意的好老师：同北京师范大学师生代表座谈时的讲话（2014 年 9 月 9 日）[EB/OL].（2014－09－10）. http：//jhsjk. people. cn/article/25629946.

② 习近平：高举中国特色社会主义伟大旗帜 为全面建设社会主义现代化国家而团结奋斗：在中国共产党第二十次全国代表大会上的报告 [EB/OL].（2022－10－25）. https：//www. gov. cn/xinwen/2022－10/25/content_5721685. htm.

③ 薛二勇，李健，刘英倜．教育强国建设的中国特色道路 [J]. 国家教育行政学院学报，2024（4）：22.

④ 薛二勇，李健．教育强国建设进程中教师队伍建设的战略与路径：习近平总书记关于教师的重要论述的逻辑与理论体系 [J]. 民族教育研究，2024（2）：43－51.

⑤ 石娟，尹盈欢．习近平教师观的理论逻辑与实践启示 [J]. 教师教育论坛，2021（1）：10.

第三章 教育家精神之“心有大我、至诚报国的理想信念”

大家箴言

若能做一朵小小的浪花奔腾，呼啸着加入献身者的滚滚洪流中，推动历史向前发展，才是一生中最值得骄傲和自豪的事件。①

——黄大年

学习目标

1. 理解“理想信念”和“心有大我、至诚报国”的内涵。
2. 认同教师具有“心有大我、至诚报国的理想信念”的重要价值。
3. 了解培育“心有大我、至诚报国的理想信念”所面临的挑战。
4. 掌握培养“心有大我、至诚报国的理想信念”的主要方法和路径。

内容导航

- 第三章 教育家精神之“心有大我、至诚报国的理想信念”
  - 第一节 如何理解“心有大我、至诚报国的理想信念”
    - 一、理想信念
    - 二、心有大我、至诚报国
  - 第二节 教师为何要具备“心有大我、至诚报国的理想信念”
    - 一、政治属性是教育的第一属性
    - 二、符合教师职业特征的需求
    - 三、符合教师生命意义实现的需要
  - 第三节 如何涵育“心有大我、至诚报国的理想信念”
    - 一、面临两个关键挑战
    - 二、教师自我的内塑
    - 三、政府与组织的支撑

---

① 吕铮．心有大我 至诚报国：时代楷模黄大年（1）[J]．连环画报，2024（7）：25－35.

第一节 如何理解“心有大我、至诚报国的理想信念”

“心有大我、至诚报国的理想信念”是教育家精神的首个内涵，具有奠基与统领作用。其中，限定词“心有大我、至诚报国”明确了新时代教师理想信念的新标准，为广大教师养成教育家精神提供了方向指引。

一、理想信念

理想信念始终是中华民族精神的重要组成部分，很长一段时间内都以“志”和“气节”为标志。但据研究，作为意识形态的“理想信念”被正式提出的时间较晚，有学者①认为始自 2004 年《中共中央 国务院关于进一步加强和改进大学生思想政治教育的意见》，该文件要求“以理想信念为核心，深入进行树立正确的世界观、人生观和价值观教育”。党的十八大以来，理想信念教育被置于日益重要的位置。那么，理想信念到底指什么?

（一）理想、信念与理想信念

讨论“理想信念”，需要先了解其成分“理想”与“信念”。清华大学文科资深教授吴潜涛对此进行过深入讨论②，下面的分析以该文为基础展开。

1. 理想

“理想”即古人所谈论的“志”，指人生奋斗目标，属于人类特有的精神范畴，是人们在实践中对未来社会的美好向往和对人生幸福的矢志追求。理想有实现的可能性，具备善的品格，同经济社会发展的规律相一致，与民众的根本利益相吻合，从根本上区别于庸俗、消极和丑恶之物。

2. 信念

“信念”也是人类特有的一种精神现象，是人们在一定认识基础上确立，对某种思想理念坚信不疑并身体力行的精神状态。在社会实践活动中，当人们确信某种思想见解或理论主张并将其付诸实践时，就表明已形成了一定的信念。信念中包含着认识，但认识只有与人的感情紧密联系在一起时，才能构成信念。信念

①② 吴潜涛．正确理解理想信念的科学含义［J］．教学与研究，2011（4）：5－9．

也是多样化的，不同的人，由于成长环境和性格等方面的差异会形成不同的信念；同一个人，也会形成关于社会生活不同方面的许多信念。

一般认为，信念是理想的基础。虽然有时理想本身就是信念，信念本身就是理想，但二者的侧重点与作用不同。理想重在标识人与奋斗目标之间的关系，指向未来，为行动指明方向；信念则重在标识人对事物、观念的看法和态度，主要面对现在，为行动提供精神支持。

“信仰”是“信念”的近义词。在一个人或一类人所拥有的信念体系中，信仰是其中最高层次的信念，是信念系统中居于支配地位、具有最大统摄力的信念。

3. 理想信念

从字面来看，“理想信念”由“理想”和“信念”复合而成，但其内涵并非二者的简单叠加，而是既注重“理想”所侧重的对未来奋斗目标的追求，又注重“信仰”所关注的现实生活中人们应秉持的信念支撑，是人们为实现特定目标而坚定信仰的强大精神力量。

作为党的思想政治教育核心内容的理想信念，根据习近平总书记的相关论述，大体包括以下六个方面的内涵：一是相信马克思主义科学真理，相信马克思主义理论的科学性和真理性；二是对共产主义远大理想的相信和追求；三是对于中国特色社会主义共同理想和中华民族伟大复兴中国梦的信奉和追求；四是对改革开放和社会主义现代化建设的信心；五是对党的领导的信任，对党的性质和宗旨的信仰与奉行；六是高尚的道德信念和精神境界。①

4. 社会理想信念与个人理想信念

社会理想信念和个人理想信念紧密联系，相互作用，相辅相成。社会理想信念在理想信念体系中具有最高地位，决定和制约着个人理想信念的发展方向和实现程度；个人理想信念既是社会理想信念的具体体现，也是树立社会理想信念的基础。在进行理想信念教育的过程中，既应重视个人理想信念教育对于树立社会理想信念的重要作用，把个人理想信念教育视为理想信念教育的应有之义，同时也要将社会理想信念教育放在首位，将个人理想信念教育置于次要地位。这种主次关系、目的和手段的关系，永远不能颠倒。

---

① 刘建军. 习近平理想信念论述的历史梳理与理论阐释 [J]. 河海大学学报（哲学社会科学版），2015 (3).

（二）共产主义远大理想与中国特色社会主义共同理想

新时代中国共产党人的精神支柱和政治灵魂，由马克思主义信仰、共产主义远大理想、中国特色社会主义共同理想这三个层次构成。① 先看经典作家的相关叙述：

> 我们的将来纲领或最高纲领，是要将中国推进到社会主义社会和共产主义社会去的，……我们的党的名称和我们的马克思主义宇宙观，明确地指明了这个将来的、无限光明的、无限美妙的最高理想。②
>
> ——毛泽东
>
> 过去我们党无论怎样弱小，无论遇到什么困难，一直有强大的战斗力，因为我们有马克思主义和共产主义的信念。③
>
> ——邓小平
>
> 全党同志必须在改造客观世界的同时努力改造主观世界，坚定社会主义、共产主义的理想和信念。④
>
> ——江泽民
>
> 社会主义建设者和接班人，定语就是“社会主义”，这是我们对培养什么人的本质规定。我们培养的人，必须树立共产主义远大理想和中国特色社会主义共同理想。⑤
>
> ——习近平

以下主要谈共产主义远大理想与中国特色社会主义共同理想。

1. 共产主义远大理想

共产主义远大理想是对人的受奴役状况的解放，是人类社会从必然王国向自由王国的飞跃，人类在此得到真正解放。这种自由王国，可以从经济生产、社会意识形态、人的状态等多方面予以描述。比如，经济生产方面，生产力高度发展，物质极大丰富，财富将根据每个人的能力和贡献进行分配，实现真正的公平和正义；社会意识形态方面，人们将不再受到剥削和压迫，社会关系高度和谐，

---

① 中共中央 国务院关于进一步加强和改进大学生思想政治教育的意见［EB/OL］.（2004－10－15）. http：//www.moe.gov.cn/jyb_xwfb/gzdt_gzdt/moe_1485/tnull_3939.html.

② 毛泽东．毛泽东选集：第3卷［M］. 2版．北京：人民出版社，1991：1059.

③ 邓小平．邓小平文选：第3卷［M］. 北京：人民出版社，1993：144.

④ 中共中央文献研究室．十四大以来重要文献选编：中［M］. 北京：人民出版社，1997：1671.

⑤ 习近平．习近平著作选读：第2卷［M］. 北京：人民出版社，2023：196.

这种和谐统一的社会关系为人们提供了广阔的发展空间，人们的才能和创造力能够得到充分发挥；人的状态方面，人们精神境界极大提高，人与人之间消除了自私和偏见，实现了真正的团结和友爱。也正是因为共产主义远大理想充满了精神力量，是胜利之“钥”、精神之“钙”和共产党人思想和行动的“总开关”①，才吸引了无数人为之奋斗终生，甚至“拼将十万头颅血”，“须把乾坤力挽回”。

但另一方面，当前也存在一些需要特别值得警惕的现象，比如：

> 谈理想特别是谈共产主义理想变成了一件羞于出口的事。人们羞涩于谈论共产主义理想、共产主义信仰，这自然是很不正常的一件事情。在这“羞涩”的背后，是人们对共产主义理想信念理解上的不明确。不少人用功利主义观点来衡量共产主义理想、共产主义信仰，导致信仰的迷失、危机乃至丧失。②

为什么会出现这种现象，可能与共产主义远大理想实现的长期性有一定关系。因为共产主义远大理想的实现以公有制社会为前提，只有无产阶级取得了国家政权，消灭了私有财产和阶级差别，国家才会自动消亡。且国家消亡的过程，并不是由某个凌驾于社会之上的力量依靠强力加以实施，而是一个自己逐步走向灭亡的自然历史过程。国家自动地完全消亡的过程，既需要物质与政治条件，还需要精神条件，即人们的劳动态度和思想道德水平极大提高。

按照当前科学技术发展的态势，实现机器人处理繁重劳动似乎指日可待，衣食住行资源也整体不再困难，于是，人的劳动态度和道德水平似乎成了实现共产主义的关键因素。通常地，人们认为贪恋无度是人类本性，而本性难移。我们认为，这里似乎犯了一个刻舟求剑的错误，因为所谓本性，是指人类漫长的历史发展进程中所展现出来的一种偏向恶的习性。人们洞察到了这些习性，但往往未能从发展的视角分析这些习性出现的条件。贪恋无度或许只是人类社会初始阶段因资源不足而留下的“饥饿基因”，但这种基因将随着外在环境的变化而缓慢改变，如果物质日益富足，社会逐步实现公正平等，人的自由而全面发展逐渐实现，人类的精神水平自然也能逐步达到我为人人、人人为我的境界，彼时，全心全意为人民服务就将成为普遍现实。如果充分理解共产主义远大理想实现的历史过程及其

---

① 中共中央文献研究室．十八大以来重要文献选编：中［M］．北京：中央文献出版社，2016：470.

② 丁忠甫．共产主义理想信念：科学内涵·时代价值·培养路径［J］．中学政治教学参考，2022（40）：86-90.

最终实现的必然性，就自然会蔑视前述的“羞涩”现象，有勇气坚决反击一部分人所持的共产主义理想“空想论”。

2. 中国特色社会主义共同理想

2013 年 1 月 5 日，习近平在《关于坚持和发展中国特色社会主义的几个问题》中指出：

> 中国特色社会主义是党的最高纲领和基本纲领的统一。中国特色社会主义的基本纲领，概言之，就是建立富强民主文明和谐的社会主义现代化国家。这既是从我国正处于并将长期处于社会主义初级阶段的基本国情出发的，也没有脱离党的最高理想。我们既要坚定走中国特色社会主义道路的信念，也要胸怀共产主义的崇高理想，矢志不移贯彻执行党在社会主义初级阶段的基本路线和基本纲领，做好当前每一项工作。①

很明显，中国特色社会主义共同理想是中国共产党在社会主义初级阶段提出的奋斗目标，旨在实现中华民族的伟大复兴。从发展的角度看，该共同理想的提出起于改革开放初期，当时邓小平提出了“建设有中国特色的社会主义”的伟大构想。后来，随着改革开放的深入和社会主义现代化建设的推进，中国特色社会主义共同理想的内涵不断得到丰富和发展。比如：1986 年，党的十二届六中全会正式提出了“用共同理想动员和团结全国各族人民”的历史任务，明确了建设有中国特色的社会主义是现阶段全国各族人民的共同理想；2004 年，《中共中央 国务院关于进一步加强和改进大学生思想政治教育的意见》对中国特色社会主义的共同理想信念作了新的概括，即“确立在中国共产党领导下走中国特色社会主义道路、实现中华民族伟大复兴的共同理想和坚定信念”；等等。

（三）理想信念的客观标准

同样是在《关于坚持和发展中国特色社会主义的几个问题》中，习近平提出了衡量理想信念的客观标准：

> 今天，衡量一名共产党员、一名领导干部是否具有共产主义远大理想，是有客观标准的，那就要看他能否坚持全心全意为人民服务的根本宗旨，能否吃苦在前、享受在后，能否勤奋工作、廉洁奉公，能否为理想而奋不顾身

---

① 中共中央文献研究室．十八大以来重要文献选编：上［M］．北京：中央文献出版社，2014：116.

去拼搏、去奋斗、去献出自己的全部精力乃至生命。一切迷惘迟疑的观点，一切及时行乐的思想，一切贪图私利的行为，一切无所作为的作风，都是与此格格不入的。①

这段话，确定了一个人尤其是一名共产党员或领导干部具有理想信念的四个集中表征：

第一，全心全意为人民服务。这一点主要是谈宗旨意识，要求把为人民服务当作神圣使命与价值追求，深刻认识并体现于言行之中，比如，能倾听群众声音，关心他人疾苦，着力解决百姓急难愁盼问题，经常性关爱弱势群体，面对困难或危险时能挺身而出，遇到问题时能主动担责等。

第二，吃苦在前、享受在后。这是物质生活层面的传承艰苦奋斗精神。对于生活在物质充裕的当代中国人来说，要克服“趋乐避苦”的所谓天性，追求高层次精神价值，生活节俭质朴，合理消费，节约公共资源，爱护公物等。

第三，勤奋工作、廉洁奉公。勤奋工作是指以理想信念为指引，工作中不断追求卓越，勇于承担繁重的任务，能为完成重要工作而不惜牺牲休息时间等。廉洁奉公是指自觉遵守国家法律法规和单位规章制度，公正公平公开地处理和安排工作，坚决拒绝各种形式的不当利益。

第四，为理想而奋不顾身去拼搏、去奋斗、去献出自己的全部精力乃至生命。这一点带有总结性质，是将理想信念落实于行动的最高标准和要求。

二、心有大我、至诚报国

“心有大我、至诚报国”，出自习近平对黄大年的评价。黄大年 1958 年出生于广西，从小勤奋好学，17 岁成为一名航空地质调查员，恢复高考时考入长春地质学院，毕业时留校任教，后被派往英国攻读博士学位。1996 年获博士学位后回国，因发现我国航空地球物理领域研究水平与国外同行有巨大差距，再次出国并逐步成为探测深水油气和水下隐伏目标的技术专家。在 2009 年接到吉林大学盼其回国任教的邀请后，经过短暂思考就毅然和妻子一起回到祖国怀抱，投入国家深地资源探测和国防安全建设科研工作，组织、培养和带领团队克服重重困难，研发出我国首台万米大陆科学钻探专用装备，使我国深探装备研发水平成功跻身

① 中共中央文献研究室．十八大以来重要文献选编：上［M］．北京：中央文献出版社，2014：116.

国际第一梯队。黄大年本人却在高负荷的工作状态下罹患重病，并于2017年1月8日去世。2017年5月，习近平对黄大年先进事迹作出重要指示，号召全社会“学习他心有大我、至诚报国的爱国情怀，学习他教书育人、敢为人先的敬业精神，学习他淡泊名利、甘于奉献的高尚情操，把爱国之情、报国之志融入祖国改革发展的伟大事业中、融入人民创造历史的伟大奋斗之中”①。黄大年先后被授予“时代楷模”“人民教育家”等称号。

（一）心有大我

“心有大我”这一概念源于中国传统文化，择要按时间梳理如下②：

> 子绝四：毋意，毋必，毋固，毋我。
>
> ——《论语》
>
> 成就大我而无我，具足大人无有人。
>
> ——南朝·傅翕
>
> 无我以知大我，大我摄于小我。
>
> ——明·方以智
>
> 大人者，以天地万物为一体者也，其视天下犹一家，中国犹一人焉。
>
> ——明·王阳明
>
> 以一家对一身，则一家为大我；以一地方对一家，则一地方为大我；以一民族一国家对一地方，则民族国家为大我。
>
> ——清·梁启超
>
> 个人社会，本大我小我之不同，其理可互相发明，而未可以是非之也。
>
> ——民国·孙中山

可见，“大我”和“小我”是相对的两个概念，“小我”是指个体关注自我感受、自我需求、自我利益，局限于从个人视角考虑问题，是更关注个体自身的一种状态。虽然“小我”是自我意识发展过程中必须存在的一个方面，也并不完全等同于自私自利，但如果只聚焦于自我，则必然影响社会和谐与集体利益，最终对个体自身也会造成反噬。“大我”则从一己之私利超脱至家庭、地方、民族、

① 习近平对黄大年同志先进事迹作出重要指示：强调心有大我、至诚报国，把爱国之情、报国之志融入祖国改革发展的伟大事业之中、融入人民创造历史的伟大奋斗之中［N］. 人民日报，2017-05-26 (1).

② 周建忠．解读“心有大我”［J］. 中国教师，2023 (11)：卷首语.

国家和全人类之公益，并随着所关切范围的扩大，不断逼近“无我”之境。

无数事例说明，心有“大我”者都拥有广阔的胸怀视野和强烈的责任感，能够将个人的理想抱负融入对集体福祉的追求之中，将个人的荣辱与国家、民族的命运联系在一起，能够为了后者的利益，放弃已有的更优越物质条件和通常意义上的个人发展平台，并在我将无我、高度热情、全身心投入的付出中，成就更为大写的“我”，既推进社会发展，更实现自我意义。正如习近平在纪念五四运动100周年大会上强调的，“只有把自己的小我融入祖国的大我、人民的大我之中，与时代同步伐、与人民共命运，才能更好实现人生价值、升华人生境界”。如何在“小我”与“大我”之间找到平衡，也是我们每一个生活于集体之中的个体必须正确面对与处理的问题。

（二）至诚报国

“至诚报国”与“心有大我”实际上是一种特殊形式的互文，指向的也是“国之大者”。爱国是一种为各国大多数公民所具有，也为各国政府所强调的一种朴素情感。爱国主义是反映个人对祖国依赖关系的感情系统，是调整个人与祖国之间关系的行为准则体系，也是支撑民族繁荣发展的民族精神的核心。作为感情系统的爱国主义，主要表现为人们对祖国江河大地、锦绣山川的依恋，表现为对本民族历史文化、风土人情、风俗习惯以及骨肉同胞、祖宗先辈的热爱，更表现为对祖国领土主权、社会制度的维护等。①

“至诚”是儒家的一种至高思想境界，特指赤诚、诚恳、无妄的心理状态。“至诚”最早出自《礼记·中庸》的“唯天下至诚，为能经纶天下之大经，立天下之大本，知天地之化育”。“至诚”二字，将“报国”的真挚热爱与无限忠诚表现得淋漓尽致。祖国是我们每个人幸福生活的最坚实可靠的保护者，至诚报国是我们每个人应尽的义务，且越是对于国家民族发展起重要作用的从业者，越应该具备至诚报国之志，这点从国家将“心有大我、至诚报国”同时列为教育家精神、科学家精神②的第一个内涵，就可见一斑。

本节最后，引用一句网络流行语——“当视国家利益高于一切时，一个人就是千军万马，一个人就是宇宙的中心”。这句流行语将国家利益与个体价值紧密

① 吴潜涛，杨峻岭．全面理解爱国主义的科学内涵［J］．高校理论战线，2011（10）：9－14．

② 中共中央办公厅，国务院办公厅．关于进一步弘扬科学家精神加强作风和学风建设的意见［EB/OL］．（2019－06－11）．https：//www.gov.cn/gongbao/content/2019/content_5404148.htm．

相连：在“国家利益高于一切”的视野里，“一个人就是千军万马”，对于国家利益的保护来说，老百姓心有大我、至诚报国多么重要！在“国家利益高于一切”的视野里，“一个人就是宇宙的中心”，对于本来微渺的个体而言，若能心有大我、至诚报国，生命意义将得到如何巨大的彰显！向崇高的理想信念奔赴吧！在这个过程中，我们将打开眼界，开阔心胸，提升趣味，不负此生。

第二节 教师为何要具备“心有大我、至诚报国的理想信念”

由于“心有大我、至诚报国的理想信念”具有明显的崇高性，所以，目前党和国家主要对领导干部、共产党员提出硬性要求，同时，通过教育家精神、科学家精神的阐述，对广大教师和科研工作者发出强烈号召。

一、政治属性是教育的第一属性

2024年全国教育大会习近平总书记的重要讲话，强调了我们要建成的教育强国是中国特色社会主义教育强国，将“政治属性”列为教育“三大属性”① 之首，将“思政引领力”列为教育“六个特质”② 之首，表明了政治属性是教育的第一属性，思政引领力是教育的第一特质，明晰了党和国家对教育的方向性要求。

谈政治属性，首先要了解什么是政治。根据相关研究，政治是一种社会统治管理体系，它建立在一定经济基础之上，是人们基于某种利益需要而建立、维护或参与，以制定政策来规定和实现特定权利的关系与活动的总和。③ 通常地，说一个事物具有政治属性，即说明该事物与政治密不可分，具有阶级性、意识形态性、公共性、权力性等与政治相关的属性。

这些属性中，阶级性是政治属性的核心体现。政治通过国家法律与政策等，反映了不同阶级尤其是统治阶级的意志、利益和要求。由工人阶级先锋队——中国共产党领导的我国政府，将“以人民为中心”作为核心执政理念，而教育领域的以人民为中心，就是要努力追求各个层面的教育公平。

---

① 指政治属性、人民属性、战略属性。
② 指思政引领力、人才竞争力、科技支撑力、民生保障力、社会协同力、国际影响力。
③ 李元书．什么是政治：政治涵义的再探讨［J］．学习与探索，1997（5）：78－83.

具体到教育的政治属性，中共教育部党组已有专文论及[1]：

> ……教育具有上层建筑的特征，与政治有着内在的必然联系。……
>
> 培养什么人、怎样培养人、为谁培养人是教育的根本问题，是教育政治属性的突出体现，是建设教育强国的核心课题。我国是中国共产党领导的社会主义国家，这就决定了我们的教育必须把培养社会主义建设者和接班人作为根本任务，培养一代又一代拥护中国共产党领导和我国社会主义制度、立志为中国特色社会主义奋斗终身的有用人才。正像习近平总书记所指出的："没有哪一项事业像教育这样影响甚至决定着接班人问题，影响甚至决定着国家长治久安，影响甚至决定着民族复兴和国家崛起。从这个意义上说，教育是国之大计、党之大计。"
>
> 政治属性体现我国教育的根本方向。在习近平总书记关于教育的重要论述中，坚持党对教育事业的全面领导、坚持把立德树人作为根本任务、坚持社会主义办学方向、坚持扎根中国大地办教育等集中体现着教育的政治属性。它们又相互联系，最终体现在党的教育方针和培养目标上。我们建设教育强国的目的，就是培养一代又一代德智体美劳全面发展的社会主义建设者和接班人，培养一代又一代在社会主义现代化建设中可堪大用、能担重任的栋梁之才，确保党的事业和社会主义现代化强国建设后继有人。牢牢把握教育的政治属性，就要更加突出从国家利益的大政治上看教育，全面贯彻党的教育方针，落实立德树人根本任务，坚持为党育人、为国育才，坚定不移培养德智体美劳全面发展的社会主义建设者和接班人。从实践看，尤其是要用习近平新时代中国特色社会主义思想铸魂育人，全面实施新时代立德树人工程。

教师作为教育事业的核心力量，必须"心有大我、至诚报国"，牢牢把握教育的政治属性，完成"立德树人"的职业使命。关于"立德树人"的表述，虽然从中国共产党成立至今，经历了从"培养一支革命的先锋队"，到"培养有社会主义觉悟的有文化的劳动者"，到"培养德智体美全面发展的社会主义建设者和接班人"，再到"培养担当民族复兴大任的时代新人"的转变，但其核心都是为党育人、为国育才。而且，这些表述变化的背后依据，是国家在不同发展时期对

---

① 中共教育部党组．牢牢把握教育的政治属性、人民属性、战略属性 加快建设教育强国［N］．人民日报，2025-03-21（9）．

教育提出的进阶要求——从“觉醒”为国，到“革命”救国，到“建设”兴国，到“改革”富国，再到“矢志”强国。①

二、符合教师职业特点的需求

正如前文所述，在提出教育家精神之前，党和国家已通过“四有”好老师、“四个引路人”、“四个相统一”等，对教师的理想信念做出了相关要求。应该说，怀抱理想信念，是新时代教师的必备品质。

（一）教师必须心有大我

跟其他职业相比，教师职业一定程度上更需要“心有大我”。这不仅是因为教育事业本身就是一个系统、一项集体活动，宏观层面表现为教育本身与国家战略需要的互动统一，微观层面表现为教育者与受教育者的彼此成就②，更因为教师职业具有劳动复杂性、创造性、长期性、示范性、长效性等特征。③

一方面，从工作过程看，教师职业劳动具有明显的复杂性、创造性、长期性。教师职业的工作对象是鲜活的发展中的人，他们天生禀赋千差万别，成长环境、目标理想各有差异，需求不一，动力也不一，极具复杂性。这种复杂性，很大程度上倒逼了教育的创造性，促成了教育的长期性，使得教师必须懂得心理学、教育学相关知识，并据此创造性地因材施教、因时施教。创造性，要求教师成为实践性反思者、专业化人员，为教育教学投入大量的时间。同时，正像教育领域常用的“静待花开”所描述的，育人效果需要通过较长时间才能呈现，很考验教师的定力与耐心。

另一方面，从工作效果看，教师职业又具有示范性与长效性。我们教育的主体对象是正在成长中的青少年儿童，年龄越小的孩子越具有向师性，他们把教师作为学习的榜样。加之教师职业历来具有的崇高地位，从幼儿园直到大学，教师通常都是学生群体视野里的公众人物，站在讲台上就是站在聚光灯下，站在学生面前就是一个被评论和模仿的对象，甚至，“从某种程度说，教师的气息、衣袂、神态……教师的一切都不属于教师自己”④。同时，作为“人类灵魂的工程师”，

---

① 武星星．理想信念：为教育家立德树人定航［J］．北京工业大学学报（社会科学版），2024（1）：148－152.

② 马小洁．“心有大我、至诚报国的理想信念”精神内核及涵养路径［J］．中国高等教育，2023（20）：25－28.

③ 顾明远．教师的职业特点与教师专业化［J］．教师教育研究，2004（6）：3－6.

④ 刘凤彪．做“心有大我、至诚报国”的“大先生”：教师如何弘扬教育家精神［J］．河北教育（德育版），2024（1）.

教师所承担的塑造学生品格、品行、品位等重要职责，都能影响人的核心素养，对学生产生深远的影响，具有长效性。

基于以上教师职业特征，教师只有心中有大义，深刻理解教师职业的高尚性，理解教师职业使命的重要性，才可能在面对结构复杂的学生群体时，乐于不断创新探索；在面对学生不听从教育和家长与社会的不理解时，继续保持解决问题的热心。

（二）教师必须爱党爱国爱社会主义

政治在人的内心深处是感情归因、意识归属，其外在的体现是立场站位。① 教师的至诚爱国，很大程度上来自对中国共产党执政正当性的认可，以及对中国特色社会主义道路的坚定自信。这些认可与自信，能让教师产生深切的使命感，从而拥有克服一切困难的最深沉的动力。

爱党爱国爱社会主义这“三爱”当中，爱国是最朴素最自然的情感。我国很多著名教育家都留下了激励学生爱国的箴言，如：

> 爱国不忘读书，读书不忘爱国。
>
> ——蔡元培
>
> 你是中国人吗？你爱中国吗？你愿意中国好吗？
>
> ——张伯苓
>
> 我是一个中国人，要为中国做出一些贡献。
>
> ——陶行知

当今时代，国际竞争日益激烈，各种思想文化相互激荡，学生面临着越来越多的诱惑和挑战。而青少年时期是形成理想信念的关键时期，有研究表明②，14岁到24岁是人生最好的10年，是一个属于情操的年龄，是自我感受和抱负在增长，而且每一种特质及能力都倾向于暴发的时期。因此，教师应深入了解“五史”，特别是党的发展史，进而引导学生了解党怎样带领中国人民迎来了从站起来、富起来到强起来的伟大飞跃，了解现阶段党在波谲云诡的国际风云变幻中如何坚强斗争、有力把舵，等等。

---

① 刘凤彪．做“心有大我、至诚报国”的“大先生”：教师如何弘扬教育家精神［J］．河北教育（德育版），2024（1）：14－15．

② 达文波特，柯尔比．人机共生：智能时代人类胜出的5大策略［M］．李盼，译．杭州：浙江人民出版社，2018：95－238．

此外，正如习近平所强调的——要让有信仰的人讲信仰。教师如果心有大我，有一颗至诚报国之心，就必然能在教书育人的过程中，以关乎党和国家前途、民族命运的大方向、大利益、大战略的政治高度，以大格局、大胸怀、大视野的“大我”格局，将立德树人根本任务落实到教书育人的全过程，引导青少年立大志、明大德、成大才、担大任，从而把各方面优秀人才集聚到党和人民事业中来。这就正如人民教育家于漪在 92 岁高龄时所言：

> 人是要有点气象的，教育的质量说到底就是人的质量，是教师和学生的质量。从事教育的人就要有点气象。在当今国内外复杂纷繁的形势下，教育者就更要有些气象，要自强不息，厚德载物，情怀博大，躬身践行，我们心中经常有天地之气在回旋，我们中华民族伟大复兴之气经常在胸中升腾，人就会高大起来，脊梁骨就会硬起来。当我们的老师正气凛然、德才全面提高的时候，学生就能终身受益，培养出来的人才就是最了不起的战略财富。我从教的准则是：理想就在岗位上，信仰就在行动中，要锲而不舍，坚韧不拔，奋勇前进。①

三、符合教师生命意义实现的需要

理想信念往往能给拥有者以做崇高之人的精神依据与神圣体验。拥有“心有大我、至诚报国的理想信念”的教师，不仅能将自身事业与国家社会的需求紧密结合起来，兢兢业业、努力钻研、勇于创新、无私奉献，为培根铸魂、启智润心的教育事业做出更大贡献；而且还能因其通常具有的较高教育教学水平和精神品质，强烈地感染身边的其他人，让更多的人团结在一起，形成强大的凝聚力和向心力，从另一个角度为教育强国做出更大贡献。与此同时，虽然“心有大我、至诚报国”理想信念者看起来是因无私奉献而“吃了亏”，但更长远更系统地看，理想信念实际上具有强大的能量，培育理想信念完全符合教师自身生命意义实现的需要，能够在锻造“国之大者”的过程中不断拓展自身人生价值，从而带来诸多正向体验，主要有：

（一）获得感与幸福感

人生的过程就是追求幸福的过程，人一辈子在思考或践行的总问题就是如何

---

① 于漪．理想就在岗位上，信仰就在行动中［J］．语文教学通讯，2020（28）：1.

追求幸福。理想信念为个体设定了清晰而崇高的目标，使个体能在努力奋斗过程中，更有针对性地获取知识、技能和经验。这些知识、技能和经验的获取，不仅可能获得物质回报，更能收获自我成长、他人认可等精神效能。同时，在为国家和社会做贡献的过程中，个体将充分挖掘自身潜能，带来深层次的满足与愉悦。

（二）归属感与安全感

“心有大我、至诚报国的理想信念”，让个体自觉地将自己归属到更大的集体范畴中，将自我人生与国家和集体的命运紧密相连，从而产生强烈的归属感。同时，对于教师而言，将自我成功与学校发展、学科进步、国家强盛等更宏大的目标结合起来，就能在遇到困难挑战时得到集体的支持和保障，获得强大的安全感，避免迷茫和焦虑。

第三节　如何涵育“心有大我、至诚报国的理想信念”

坚定信念的过程是一个与现实相结合、与实践相结合的过程，也是一个不断接受理想信念教育，并自觉地对理想信念进行深入思考的过程。[①] 之所以如此，是因为所有观念的形成都是一个复杂的过程，且“心有大我、至诚报国的理想信念”由于其本身的崇高性与脱俗性，与庸常生活存在距离，且始终与社会生活密切互动，从而使个人的理想信念在达到比较稳定的层次之前，容易处于一个反复动摇的过程中。

一、涵育的两个关键挑战

在改革开放的历史条件下，面对世界社会主义的曲折发展、深化改革中利益关系的调整、腐朽思想文化的侵蚀、腐败与社会丑恶现象的滋生蔓延，以及自媒体、人工智能等技术日新月异的发展使得大众传播效果极大弱化等事实，包括教师在内的一些人都出现了对理想信念的迷茫、困惑甚至动摇。这些迷茫、困惑、动摇等表象背后的根本原因，是不理解马克思主义理论精髓，以及无法平衡个人短期利益与社会长远利益之间的矛盾。

---

① 刘建军．关于理想信念教育的几点理论思考［J］．教学与研究，2004（11）：14－15．

（一）如何理解马克思主义理论的精髓

共产主义的实现有一个过程。这个过程很长，长到很多人“看不到”它实现的可能性。但是，究竟是因为看见才相信，还是相信才看见，人们的看法有云泥之别。其实，很多人知道这个道理，但却总是拘泥于眼前可见的现实。如何拨去云雾见南山，就要理解和运用马克思主义的理论精髓，掌握和运用辩证唯物主义、历史唯物主义的世界观和方法论，认识到事物内部的矛盾是推动事物发展的根本动力，掌握从实际出发，尊重客观事实，透过现象看本质，把握事物内在规律的实事求是的思想方法路线。

但理解和运用马克思主义的理论精髓，需要很宽的眼界以及基于这一眼界的深刻思考，但认知水平、教育背景、生活经历等方面的差异，导致很多人存在认知局限，在从事教育工作时缺乏源自内心的使命与热爱，面对困难就想躺平，面对压力就出现倦怠。理解马克思主义的理论精髓，需要有“先天下之忧而忧，后天下之乐而乐”的胸怀，这种胸怀，就是“心有大我、至诚报国”。因为只有具备对未来社会发展的笃定信念，才能对眼前“一城一池”的得失气定神闲。从一定意义上说，“心有大我、至诚报国的理想信念”，能使人掌握确定性，避免易于恐惧担忧的人性弱点。从逻辑上来说，认知水平的提升与正确价值观的树立，就像“鸡与蛋”的关系一样，是一对互为前提却又似乎矛盾的关系。思想决定思路，思路决定出路，归根结底，对马克思主义理论的清晰认知，才是推动这对关系互相促进的发力点。总之，只有理解马克思主义理论的精髓，才能养成“虽千万人吾往矣”的浩然正气。

（二）如何平衡个人短期利益与社会长远利益

个人利益与社会利益是辩证统一的关系，它们相互依存、相互促进，但又存在矛盾。具体到教师职业，个人利益与社会利益的关系约略如下：

教师个人的薪资待遇、职业发展、社会地位等利益的实现，都离不开教育事业所处的社会环境；教育事业所处的大环境的改善，也需要教师通过努力立德树人来得以实现。社会有条件大力发展教育事业时，教师就能获得更多资源与支持；教师努力提高教育教学水平，在实现自身价值和获得自身利益的同时，也必然能促进学生发展、推动教育进步并最终惠及社会。但如果教师过度追求个人利益，甚至违背教师职业道德，触犯法律法规，必然损害学生利益、社会利益，最终也损害自身利益；同样，社会改革过程中的一些举措，比如自上而下的基础教育改革，少子化背景下教师跨学段调岗等，给一些教师的个人利益肯定也会带来冲击。

这里就又涉及短期利益与长远利益的问题。这两种利益既相区别又相联系，对教师而言，短期利益往往表现为薪资福利提升、教学成果认可、工作环境改善，长远利益往往表现为职业的晋升、教育理念的推广、社会尊重的获得。虽然短期利益的满足能够为教师带来成就感，有利于形成追求长远利益的工作动力，但如果过度追求短期利益，如中小学教师重“育分”而轻“育人”，大学教师重论文发表而不深钻教学，则必然影响学生终身发展，损害为党育人、为国育才的实效，长期看还会损害教师自身的职业口碑，得不到周围人群发自内心的认可，甚至成为被人唾弃的对象。

当然，客观地说，每个人都有自我保护和追求自身利益的权利，在资源有限的情况下，考虑个体利益具有一定的合理性。但如果过度自利，忘记了自身职业特征，忘记了所从事的职业是一种高尚的职业，而过分看重个人的短期利益、物质利益，缺乏对社会、对国家的责任感和使命感，不能将为党育人、为国育才这样的社会利益置于首位，则必然会变成尸位素餐者，阻碍个人从“小我”到“大我”的转变，损坏教育对象的根本利益，酿成误人子弟的恶果。

所以，在市场经济活跃的当代社会，如何做到不耽于个体眼前的物欲，不停留于最低级的短期的经济利益的追求，而是更关注人的价值，更着眼于在追求社会长远利益过程中获得更深沉的幸福，是理想信念教育目前所迫切需要解决的问题。

二、教师自我的内塑

“人性固然是生物性与精神性的统一，但人的本质却是对于生命意义的精神性的企求。”① 教师如果还不具备崇高的理想信念，就必然处于不完美人性与高尚职业要求之间的挣扎过程中。“内圣”才能“外王”，教师自我内塑，逐步完成从“小我”到“大我”的观念转变，是涵育“心有大我、至诚报国的理想信念”的根本路径。

（一）以马克思主义理论精髓为导航

知者行之始，真学是真懂真信真行的前提。教师群体是知识分子群体，掌

① 檀传宝．信仰教育与道德教育［M］．北京：教育科学出版社，1998：16.

握马克思主义理论精髓并不是难事，核心是要强化意识、选好经典，持续学、系统学，并以抓住经典的基本原则、主要精神为导向学。关于学哪些经典好，要因人而异，中共中央党史和文献研究院官网有个“成果总库”栏目，我们教师可以带着问题进去选择适合自己的经典作品加以阅读，这不失为一个可靠的方式。

对于新入门者，《共产党宣言》是一个很好的选择，毛泽东曾经读过它不下百次，邓小平也认为《共产党宣言》是自己的老师。另外，《马克思恩格斯选集》第 3 卷中的《社会主义从空想到科学的发展》和第 4 卷中的《路德维希·费尔巴哈和德国古典哲学的终结》，《毛泽东选集》第 1 卷中的《实践论》《矛盾论》，《邓小平文选》第 2 卷中的《解放思想，实事求是，团结一致向前看》，《习近平谈治国理政》第 1 卷等，都是了解马克思主义理论精髓的经典篇章。

关于学习方法，马克思主义基本原理的学习也应跟其他知识性内容的学习一样，强调预习、复习、迁移等基本过程。大致要点有：

第一，了解相关背景知识。对于即将学习的新观念，提前或同步学习相关历史背景、社会现象等。如学习社会主义核心价值观，就应查阅中国社会的发展历程、不同历史时期的价值观演变等，为理解社会主义核心价值观奠定基础。

第二，在系统中思考问题。围绕新学习的观念，充分联想并提出一些相关问题，促进深入理解的发生。如学习社会主义核心价值观，可思考其 12 个主题词之间的关系，问问自己是否可以将其中一个主题词换成其近义词等，从而促进知识的融会贯通，实现观念的迁移和拓展。

第三，结合实际回顾与反思。回顾已经学习过的观念，将新观念嵌入已有认知结构中。如联系已学观念，分析自身言行或对外界事物的第一反应，判断是否符合社会主义核心价值观的倡导，并进一步反思如何改进。

（二）以中华优秀传统文化来浸润

理想信念的教育具有突出的文化性，主动传承中华优秀传统文化，是教师理想信念自我内塑的有效路径。

一是传承中华优秀传统文化。教育是文化传承的基本载体，广大教师和教育工作者作为教书育人的担当者，首先要坚定文化自信自强，主动做传承创新中华优秀传统文化的先行者，要深入挖掘和阐发中华优秀传统文化中蕴含的“仁者爱人”的人本思想、“修身、齐家、治国、平天下”的德行标准、“为天地立心，为生民立命，为往圣继绝学，为万世开太平”的价值立场等中华优秀传统文化基因，并将其切实融入个人道德修养，融入个人职业行为，将千百年来形成的“师道”精神代代传承，努力做“经师”和“人师”的统一者，做学生为学、为事、为人的新时代“大先生”。同时，重视学习也是中华优秀文化，“万般皆下品，惟有读书高”“三更灯火五更鸡，正是男儿读书时”，耕读诗书，为社会上下所共同推崇，以育人为天职的教师须对此予以传承。

二是传承革命文化。近代，西方列强用坚船利炮打开了中国的大门，各种思潮蜂拥而入，传统的价值体系在这纷繁复杂的文化碰撞中面临崩塌。一批先进的中国人通过深刻的文化剖析，引领了新文化运动，特别是中国共产党登上历史舞台后，带领中国人民在血与火的斗争中逐渐淬炼创造了全新的革命文化。在阅读党和国家的重要历史文献时可以发现，革命文化的要素应当包括共产主义理想信念、人民中心、爱国主义、中国共产党的领导、实事求是、革命斗争和艰苦奋斗等等。教师只有深入学习革命文化，才能深刻领悟中国共产党一路走来的艰辛与伟大，从而坚定对党执政的认同，增强共产主义理想信念。也只有在共产主义理想信念的指引下，教师才能在教育工作中为学生点亮理想的灯塔，引导他们树立远大抱负，将个人命运与国家命运紧密相连。也只有自身秉持以人民为中心的理念，教师才能做到关爱每一位学生，为培养能担当民族复兴大任的时代新人倾尽全力。

（三）在六类应用中提升

理想信念是观念性知识，除了学习与浸润，还需要通过各种应用来加以培植。根据经验，由表及里，大概有以下六种应用路径：

第一，清晰阐述。准确表述概念的内涵与外延，力求阐述相关观念时不出现模糊或错误的表述，如能说出“民主”是指人民当家作主，是一种包括民主选举、民主协商、民主决策、民主管理、民主监督等多个方面的国家制度。

第二，举例说明。可以用信手拈来的具体事例来解释和说明相关观念，如理解“诚信”时，能列举出人际交往中坦诚相待、商业行业中遵守承诺等不同情境的案例，展现对诚信观念的实际理解。

第三，比较分析。比较某一观念与相似观念的区别和联系，如发现“自由”与“自流”的差异；定位某一观念在其观念体系或理论框架中的位置和作用，如说明“爱国”“敬业”“诚信”“友善”等观念在社会主义核心价值体系中的相互联系与相互支撑。

第四，解决实际问题。比如针对学生的思想迷惘情况，能通过挖掘教材和政治时事中的相关内容，分享自身从“小我”到“大我”转变过程中的经历等方式，引导学生明晰努力方向。

第五，回应质疑和反驳。比如，当学生对贪污腐败现象提出质疑时，既要肯定学生对于社会现象的关注，又要引导学生深入了解党的性质、党的宗旨，明确党坚决打击腐败的决心与行动。

第六，付诸行动。比如能做到爱岗敬业，公正公平地对待学生，尽心尽力地因材施教，坚持终身学习，积极参加公益活动，乐于与同事精诚合作，等等。

三、政府与组织的支撑

教师队伍是立德树人的核心力量，为促使教师时刻牢记教育初心，坚守育人使命，以坚定的理想信念为学生点亮理想之灯，为培养德智体美劳全面发展的社会主义建设者和接班人筑牢坚实根基，党和国家必须给予教师队伍理想信念的支撑。

（一）常态化制度化开展教育

理想信念是深层次的意识和精神，其形成是一个从外到内、从认知到情感再到信仰不断转化、不断跃升的过程。这就决定了理想信念教育的长期性、复杂性，决定了必须按照其形成规律，循序渐进、螺旋上升地设计，常态化、制度化地开展。其中，常态化教育体现于稳定性、日常性、长期性，需要遵循理想信念的形成规律而系统地、循序渐进地进行，融入日常生活并贯穿于教育全领域和全过程，避免运动式、突击式，要常抓不懈；制度化教育体现在规律性、规范性、系统性上，不能随意零散地进行，而应遵循社会发展规律、心理形成规律，遵守制度、按照制度践行，循序渐进进阶、系统协同发力。总之，应通过坚持内容的整体化、目标的一体化、方式的常态化、评价的制度化、主体的协同化、效果的长效化等路径，实现理想信念涵育的常态化、制度化。①

对于教师群体的理想信念教育，此前主要分两个层面展开。党和国家层面：

① 冯建军．理想信念教育常态化制度化的实践内涵、理路与策略［J］．思想理论教育，2021（12）：27－33.

一是对于教师党员，开展党的群众路线教育实践活动、“三严三实”专题教育、“两学一做”学习教育、“不忘初心、牢记使命”主题教育、党史学习教育等[①]活动；二是近年来在中西部“国培项目”中规定必含师德师风、教育家精神等与理想信念有关的专题培训内容；三是在国家中小学智慧教育平台安排专项线上学习等。地方层面，有的县市区和学校，根据自身办学理念与教师队伍实际情况，开展了本土化的校史校情培训，通过爱校爱家乡的活动，增强教师的集体荣誉感和责任感。今后，可进一步围绕理想信念，开展主题研讨、读书分享、师徒结对等群体内的交流类活动，以及志愿服务、参观学习等面向群体外的实践类活动，同时还应将理想信念表现纳入师德考核，并将考核结果反映在教师发展的各条渠道上。

（二）典型选树与榜样引领

典型选树的目的是树立榜样、取向引导、强化建设等。面向教师队伍的典型选树活动，类型非常多，如专项类的“教书育人模范”“优秀教师”“名师名校长”等，混合类的“某地好人”“感动中国人物”等。各级党组织和政府可进一步强化其以下功能，推动典型选树活动发挥更多正向作用。

第一，将理想信念表现纳入评价标准。目前的相关标准，总体更加倾向于教学、科研、管理方面的可用数据衡量的业绩，使得一些潜心育人的老师在职称评审时不占优势，使得一些品行不端的人被评为优秀校长。这些令人汗颜的现象，反映了理想信念的考核还未受到应有重视。

第二，强化理想信念的宣传力度。对于“心有大我、至诚报国”的典型教师，既要有像对黄大年、张桂梅那样的以主流媒体为主的大力宣传，实现高位推动，也要有其他主流媒体和自媒体的宣传；宣传形式上，要以令人喜闻乐见又不失深刻的方式，以“人味”更足、“神味”更少的视角，让教师典型走进千家万户，让榜样教师更可学，让普通教师更愿学。

（三）优化学校组织文化

学校组织文化是学校在长期教育实践过程中逐步形成的，为全体成员所认同的价值观念、组织规范、组织惯例、学校精神等的总和。它以无形而强大的力量渗透于校园的角角落落，通过潜移默化的方式扎根于教师内心，使他们形成对学

① 习近平．全面从严治党 探索出依靠党的自我革命跳出历史周期率的成功路径［J］．求是，2023（3）．

校的强烈归属感和认同感。为此，学校应着力打造本校的组织文化。可能的路径有：

第一，塑造共同愿景。为强化教师“心有大我、至诚报国的理想信念”，可将其融入学校的使命、目标或办学理念之中，比如湖南第一师范学院的校训“要做人民的先生，先做人民的学生”，《东北师范大学师铭》中的“家国天下，社会中坚”理念，等等。

第二，提供行为准则。“言非法度不出于口，行非公道不萌于心”，教师言行举止是检验和强化理想信念的重要角度。学校应制定相关的规章制度和行为规范，引导老师们将理想信念转化为具体行动，并用行动反过来促进“心有大我、至诚报国的理想信念”的形成，为培养更多心中有爱、眼中有光、手中有方法、脚下有力量的学子提供师资保障。

第三，适当运用惩罚手段。《左传》有云：“宽以济猛，猛以济宽，政是以和。”对于有损党中央权威、违背党的教育方针政策、教学敷衍、典型职业倦怠、损害公共利益、缺乏团队精神等违背教师应有理想信念的言行举止，应根据情节轻重，采取从批评教育到解聘等一系列措施，达到惩一儆百、治病救人之效。

思考与练习

1. 观点辨析：教育的首要任务是传授知识技能和促进个体全面发展，政治属性并非教育的第一属性。

2. 教师在自我内塑以涵育自身理想信念的过程中，可能会遇到什么困境?

3. 请查阅相关资料，了解一位具有“心有大我、至诚报国的理想信念”的教育家，并以一篇300字左右的短文，概括性介绍其事迹与精神。

4. 人民教育家于漪写了一篇《树立职业信仰，增强内驱动力》① 的文章，最后一段的内容是：

> 有理想明灯指引、信仰信念召唤，教师内心就会深度觉醒，就会深切体悟到：教师，既是一种职业，更是人生的理想，是需要以整个生命去拥抱的伟大事业。把一个个活泼泼的生命培养成为国家的有用之才、栋梁之材，是为师者人生态度的攀登、情感世界的攀登。教育家精神的熔铸，也是为师者

① 于漪．树立职业信仰，增强内驱动力［N］．中国教育报，2023-09-10（4）．

一种风范的确立。攀登的基础是敬畏学生生命，敬畏党的教育事业，以心相许，至诚至爱，来不得半点花哨与喧嚣。

请结合这段内容，分析：

（1）教师职业信仰的内涵体现在哪些方面？

（2）这种职业信仰对于将学生培养成为国家有用之才、栋梁之材起到怎样的作用？

（3）在现实教育环境中，教师应如何践行这种基于敬畏的职业信仰，避免花哨与喧嚣？

第四章 教育家精神之“言为士则、行为世范的道德情操”

大家箴言

人们幼时的动机，常偏于自私自利一方面，吾们当怎样利用他，养成互助、团结、同情等好习惯和共同了解的机会，那就全靠教育。……师范学校负培养改造国民的大责任，国家前途的盛衰，都在他手掌之中。①

——陶行知

学习目标

1. 理解“言为士则、行为世范的道德情操”的内涵。
2. 认同教师具有“言为士则、行为世范的道德情操”的重要价值。
3. 掌握培养“言为士则、行为世范的道德情操”的主要方法和路径。

内容导航

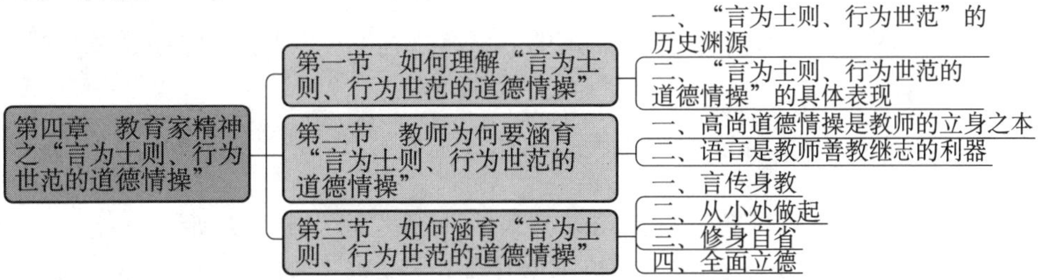

① 陶行知．陶行知全集：第1卷［M］．武汉：华中师范大学出版社，2022：314.

第一节 如何理解“言为士则、行为世范的道德情操”

关于“则”字，《说文解字》的解释是用刀子来划分当时作为货币的贝，即划分、衡量的意义，后来在此意义基础上引申出法规、准则的意思。关于“范”，《说文解字》说是一种草名，也许是因为这种草漂浮于水中，有弥漫泛滥的意思，所以被引申为广泛、普遍之意，之后发展为模范、楷范的意思。根据这两个关键词的含义，我们得知，“言为士则、行为世范”是互文关系，指在言行方面都要成为榜样模范，成为“士”阶层与全社会的榜样模范。仓廪实而知礼节，古代生产力水平低下，物资匮乏，有时间学习者很少，“言为士则、行为世范”实际上承载的是中华文明对知识分子或者说是对教育者的千年期许。因此，不少师范院校都将此作为校训或校风，如北京师范大学的“学为人师，行为世范”，华东师范大学的“求实创造，为人师表”，以及更为常见的“学高为师，身正为范”等。应该说，“言为士则、行为世范”是基于社会身份特征，对教师群体的道德情操提出的特别要求。

一、“言为士则、行为世范”的历史渊源

“言为士则、行为世范”最著名的代表，是被誉为“万世师表”的孔子。但从历史渊源看，“言为士则、行为世范”这一表述，最早出自《世说新语》开篇“德行第一”的第一则第一句：“陈仲举言为士则，行为世范，登车揽辔，有澄清天下之志”。陈仲举即东汉名臣陈蕃，他因言行举止成为士人的楷模和世人的典范而得此赞誉。可以认为，“言为士则、行为世范”强调个人品德修养与社会责任担当的统一，体现了中国社会对知识分子理想人格的追求，是中国传统知识分子价值追求的“心之所向”，修养弘道的“素履之往”，更是众生之中道德情操的至高刻画。

（一）“士”与“道”

如果再往前追溯渊源，自然得从“言为士则”的“士”开始。查阅资料得知，“士”在甲骨文中的形象像一株禾苗从地里冒出来一样，指的是插在地上的禾苗，后来引申为在田地里耕作的男人，因此也就成了男子的代称。后来，“士”

的含义逐渐丰富。东汉许慎编撰的《说文解字》云：“士，事也。”这里的“事”指的就是耕作。《白虎通义·爵》亦释：“士者，事也，任事之称也。”可见最初“士”与“事”可以通假。

西周建立后，实行分封制。此时，“士”是封建贵族的最下层，他们没有土地财产，依附于公卿大夫生活，也泛指受命于天子或诸侯而居于官位者。到了春秋战国时期，“士”逐渐脱离了这种依附性，成为一个相对独立的社会阶层，除了用于指称具有任事者的政治意味之外，还具有了指称拥有知识的演艺者的文化意味。《春秋穀梁传》之“成公元年”曰：“古者有四民，有士民，有商民，有农民，有工民。”范宁注“士民”曰“学习道艺者”。杨士勋疏引何休之说曰“德能居位曰士”。大概意思是，“德”是“士”之居位任事者所必备素养，而“德”的获得特别需要通过“学习道艺”。如阎步克所言：“在封建时代，文化教育为贵族士大夫所集中拥有，士被视为学习道艺者或德能居位之人，他们是与小人相对的君子。……春秋后期的许多场合，士、君子之类语词的身份意味经常地变得淡漠了，而日益强调其道艺的一面。”① 也就是说，至此，“士”与“学”“德”均有了密切的关系，已经被寄予了“道”的标准和期待。

秦汉时代，“士”主要是儒家的“吏”与“师”。魏晋南北朝时期，有了道家的“名士”（如嵇康、阮籍）和佛教的“高僧”（如道安、慧远）。隋唐时期，诗人、文士作为“士”的主力，代表了当时的社会良心。在“士”的身份发展史上，“道”是始终的标准。儒家全仗“无恒产而有恒心”的“士”来维护道。② 孔子倡导“志于道，据于德，依于仁，游于艺”（《论语·述而》），曾参说“士不可以不弘毅，任重而道远”（《论语·泰伯》），孟子更是详尽论述了无论进退、穷达、得势，“士”与“道”都必须合一，要求终生以“道”为志。宋代儒家复兴，范仲淹倡导的“以天下为己任”和“先天下之忧而忧，后天下之乐而乐”，又成为此后“士”的新标准。

（二）从“士则”到“世范”

据此，我们得知，“士则”最初指的是士人应遵循的行为准则和道德规范，它强调个人品德与学识的修养，是士人自我完善的重要标准。

---

① 中国历史：“士”“士人”概说［EB/OL］.（2018－12－01）. https：//baijiahao.baidu.com/s? id＝1618611390194546390.

② 郭齐家．教育立命之道与中华文化复兴［M］. 北京：人民教育出版社，2017：68.

操作层面，如《管子・小匡》所言："令夫士，群萃而州处，闲燕则父与父言义，子与子言孝，其事君者言敬，长者言爱，幼者言弟。"提高"士"阶层的伦理道德水平，主要的方式是耳濡目染的教育，表现为经常对"士"及其子弟实施"义""孝""敬""弟"等方面的言说。据研究，中国古代教育家不仅重视道统与学统的建设，而且重视教育方法的改进。格物致知、读书进学、温故知新、学思并重、循序渐进、由博返约、启发诱导、因材施教、长善救失、教学相长、言传身教、尊师爱生……形成了一系列具有独特风格的教育和教学的手段，形成了比较系统、深刻的知识论、教学论、教师论、自学深造与人才成长的理论。①

从历史发展来看，在以"德教"为主要教学内容的漫长的古代教育制度下，教师除了作为学生道德的塑造者，自身必须是修身立德的道德楷模之外，还因其社会知识精英的身份，成为引领社会道德风尚的"世范"，成为整个社会学习和效仿的楷模。可以认为，从"士则"到"世范"，这看起来并列的两个结构，实际上又在一定意义上实现了一种超拔，从个体修为的慎独境界，超拔到引领社会的宏大格局。相对于"士则"，"世范"具有普适性的社会道德标杆，其核心在于"为天地立心"的担当，即从单向自顾的"诚意、正心、修身、齐家"，升格为普世宏大的"治国、平天下"的至高理想境界，要求个体突破私域局限，将言行提升至社会典范的高度，通过人格力量影响世道人心。

（三）从"世范"到"师范"

关于"师范"的来由，郭齐家认为始自西汉扬雄《法言・学行》的"师哉！师哉！桐子之命也。务学不如务求师。师者，人之模范也"②。后来，韩愈"传道授业解惑"的师道观，张载"为往圣继绝学"的教育理想，陶行知"捧着一颗心来，不带半根草去"的奉献精神均凸显了"师范"的特殊语境。

近代实业家、政治家、教育家张謇创办了通州师范学校——中国近代第一所单独设置的私立师范学校，标志着中国近代师范教育的开端；他积极投身公共事业和慈善事业，将自己在大生纱厂的全部工资以及一部分红利捐出，用作教育、慈善以及地方公益的经费。

近代群众办学的先驱者，平民教育家、慈善家武训"行乞兴办义学"，跪请

---

① 郭齐家．教育立命之道与中华文化复兴［M］．北京：人民教育出版社，2017：97.

② 同①392.

当地有学问的进士、举人到义学任教，并到贫寒人家跪求他们送子上学；对勤于教课的老师，他叩跪感谢；对贪玩、不认真学习的学生，他下跪泣劝。他的一生都在为贫苦孩子能读书而奔波，被誉为“千古奇丐”，是中国历史上唯一一个以乞丐身份被载入正史的人。

毛泽东的恩师杨昌济在民国初期的湖南省立第一师范学校主讲修身、伦理学、教育学等课程，以家国情怀为底色，将道德修养视为教育的核心，强调“修身”是立世之本，提倡“知行合一”“克己复礼”。他以“自闭桃源称太古，欲栽大木柱长天”作为对自身使命的定位，言谈著述则成为毛泽东、蔡和森等一大批学生终生奉行的精神准则。

习近平曾于2007年9月6日作过一个重要指示：“作为一名教师，把学生的生命置于自己的生命之上，是为人师表最极致的表现。他（注：贺宝根）不仅体现了教师的风范，而且是全社会学习的榜样，上海教育战线和各条战线都应学习他的事迹。”①

上述事例充分表明，真正的“师范”必具“世范”格局，而“世范”精神也需要通过“师范”教育加以世代传承。

二、“言为士则、行为世范的道德情操”的具体表现

古往今来，“师范”的内在含义有诸多说法。

孔子的言表和德性为后人所敬仰和尊崇，人称“万世师表”。他教育弟子“身正为范”，首先要求“先正己身”，以身作则。荀子称“师术有四，而博习不与焉。尊严而惮，可以为师；耆艾而信，可以为师；诵说而不陵不犯，可以为师；知微而论，可以为师”（《荀子·致士》）。荀子认为教师除了知识必须渊博外，必须具备四个条件：有尊严而又使人敬畏；有丰富的阅历和崇高的信仰；诵读和讲述有条有理，又不违反礼法；了解精微的道理并能加以论述。这里强调了“为师”的基本要求，即以身作则和言传身教。

墨子主张“兼相爱，交相利”，认为教师应该“有道者劝以教人”（《墨子·尚贤》），而不能“隐匿良道而不相教诲”《墨子·尚贤》。

西汉董仲舒认为，教师的道德责任在于“化民成性”，引领并塑造社会的道

① 见于上海师范大学徐汇校区校史馆。

德风尚。他对教师的道德品质、知识能力也提出了具体要求，“善为师者，既美其道，又慎其行”(《春秋繁露·玉杯》)。作为一名教师，其对世间之道应该有深刻透彻的认识，其行为应该谨小慎微。唐代韩愈认为，教师的使命就是要“传道、授业、解惑也”(《师说》)。为此，教师尤其要勤学习、苦钻研，“焚膏油以继晷，恒兀兀以穷年”(《进学解》)，以身立教，成为学生的榜样。

综上，可将“言为士则、行为世范的道德情操”的具体表现大略归纳为以下三点：

（一）谨言慎行

“谨言慎行”是教师言行举止的基本要求。《论语·季氏》就有“君子有三愆”的告诫，告诫君子需警惕“躁言”“隐言”“瞽言”，即要警惕急躁时乱说，说不宜公开说的，说见识浅陋的。1904 年颁布的《奏定学堂章程》之初级师范学堂“学科程度章”中的“故教师范者宜勉各生以谨言慎行，贵庄重而戒轻佻，尚和平而忌暴戾；且须听受长上之命令训诲，以身作则，方能使学生服从”①，更是对教师的“谨言慎行”做了明确规定。

教师应有言语的伦理自觉。我国有“论高文奇”之赞的《管子》一书，把“慎言”列为道德修养的重要原则之一。慎言，指说话要分场合，有原则，即“‘可正而视’，言察美恶，审别良苦，不可以不审”(《管子·宙合》)。该发言时就直抒胸臆，否则就保持沉默，做到“可言可默”(《管子·宙合》)。一个人如果动辄口出恶语狂言，不仅表现出这个人缺乏起码的道德修养，而且给自己和旁人造成不良影响，甚至给社会带来危害。所以说，“言不可不慎也”(《管子·宙合》)。

一方面，言语和行为的规范化是师德的根本，也是教师自我修养的外显。提升教师的自觉性，使其在不断体察感悟和反省纠偏中实现对立德树人的内化感知，是新时代教师培养的根本内容。②

《礼记·文王世子》载：“师也者，教之以事而喻诸德者也。保也者，慎其身以辅翼之，而归诸道者也。”所谓“师”，是用具体事例教导并用它说明各种德行的人。所谓“保”，是以自己谨慎的言行来辅佐世子使之归于正道的人。这道明了教师“慎行”的重要性。《管子·君臣》云：“退而修诸己，反其本也。”“反

---

① 周予同．中国现代教育史［M］．福州：福建教育出版社，2007：178.

② 游旭群．涵养新时代教师“言为士则、行为世范的道德情操”［J］．中国高等教育，2023（20）：29－32.

本”与“修己”就是要从多方面严格要求自己，不断提高自己的道德修养。

另一方面，还要从“绝理者”身上汲取教训，从“不及者”（努力不足的人）身上取得借鉴，以能更清楚地反思自我，即所谓“能以所闻瞻察，则事必明矣”（《管子·禁藏》）。①

儒家主张教育学生克制自己，严格要求自己，内心反省检查自己，使遵循道德规范成为内在的自觉要求，这种主观的思想活动，就是克己内省。孔子说：“克己复礼为仁”（《论语·颜渊》），“君子求诸己，小人求诸人”（《论语·卫灵公》），“躬自厚而薄责于人”（《论语·卫灵公》）。克己是复礼的基本条件，不能克制自己，就不能使自己的言行符合道德规范，只有克制自己，才能使自己的言行符合礼的道德规范。

（二）雅言正行

雅言正行也即言行雅正。2018年，教育部颁发《新时代中小学教师职业行为十项准则》和《新时代高校教师职业行为十项准则》。二者都要求“坚持言行雅正”。具体的解释是：“为人师表，以身作则，举止文明，作风正派，自重自爱；不得与学生发生任何不正当关系，严禁任何形式的猥亵、性骚扰行为。”雅言，即注重言表。教师之言表、身态构成了教育场域的符号系统，其言语表达、服饰搭配、肢体动作、空间站位等树立起教师的自身形象和风采。正行，即行为的自我规约、端正。教师作为道德主体的自我形塑非常重要。在师生交往的生活世界里，教师应该具备高尚的道德品质，进入学生的生活空间，应以身作则、率先垂范，通过交往活动中的言行推动学生的可持续发展。②

第一，言表得体。教师真诚的言语，端庄的举止，让学生如沐春风，更显师风道骨。被誉为“中国现代教育的创造者”、南开中学创始人的张伯苓先生提倡人生教育和人格教育，其中最为著名的就是“四十字镜箴”。他信奉这样的理念：“一衣不整，何以拯天下?”，他特地在南开中学校门入口处设立了一面一人高的大镜子，上面镌刻着严范孙（严修）先生撰写的四十字箴言：“面必净，发必理，衣必整，钮必结。头容正，肩容平，胸容宽，背容直。气象：勿傲，勿暴，勿怠。颜色：宜和，宜静，宜庄。”张伯苓先生深谙传统教育的智慧，儒家教化不

---

① 郭齐家．教育立命之道与中华文化复兴［M］．北京：人民教育出版社，2017：123-124.

② 游旭群．涵养新时代教师“言为士则、行为世范的道德情操”［J］．中国高等教育，2023（20）：29-32.

是所谓道德说教，而是春风化雨，把“齐家、治国、平天下”的理想目标落实到教育的每一个“格物、致知、诚意、正心”的“修身”细节之中，从细微处施以“润物细无声”的教化，这不是一种外力强加的方式，而是真正自觉的自我教育，是生活实践式的，通过点滴积累收获自己的体验，既可以发展君子自身，调节性情，又可以通过君子的行为影响公共事务与民间风俗。① 所以，教师的话语场域要充分弘扬主旋律，传递主流价值观，倡导积极向上的态度，身体力行，为学生树立榜样。

第二，正身正礼。孔子说：“其身正，不令而行；其身不正，虽令不从。”（《论语·子路》）孔子认为，如果教师的道德行为和作风正派，就是不发命令，学生也会执行；如果教师的道德行为和作风不正派，就是发命令，学生也不会听从。孔子还说：“不能正其身，如正人何?”（《论语·子路》）如果自身不端正，又怎么能端正别人呢？教师是学生的榜样，教师的一言一行，都直接影响到学生的健康成长。孔子的学生子贡称赞孔子教人“正身以俟”（《荀子·法行》），荀子颂扬孔子“蚤（早）正以待”（《荀子·儒效》），还说：“礼者，所以正身也，师者，所以正礼也。无礼，何以正身？无师，吾安知礼之为是也?”（《荀子·修身》）“礼”是用以矫正人的思想行为的，是维护社会安定的根本，但如果没有教师，“礼”的这种作用便无法实现，就会形成“上无哲师，下无父子”的“至乱”局面。由此看来，教师的地位和作用，直接关系到国家的前途和命运。所以，荀子讲“国将兴，必贵师而重傅”，“国将衰，必贱师而轻傅”（《荀子·大略》）。从现实角度来看，教师应严于律己，坚守廉洁自律的底线，自觉抵制不良风气，杜绝违规行为，保持师者的纯洁性和专业性。

第三，自爱自敬。教师需要内外兼修，从心态、学习、健康、人际关系、目标设定和兴趣爱好等多方面入手，不断提升自我。孟子说，“行有不得者皆反求诸己，其身正而天下归之”（《孟子·离娄上》）。身教重于言教，教师要事事处处严格要求自己，做学生的表率。“人必其自爱也，而后人爱诸；人必其自敬也，而后人敬诸。自爱，仁之至也；自敬，礼之至也。未有不自爱、敬而人爱、敬之者也。”（《法言·君子》）就是说教师只有自爱自敬，才能得到学生的爱与敬，从而对学生的身心成长产生积极的影响。

---

① 郭齐家．教育立命之道与中华文化复兴［M］．北京：人民教育出版社，2017：13.

(三) 致知力行

知与行是中国哲学的重要命题。“知”是道德教育的认识问题,“行”是道德教育和道德修养的实践问题。“力行”强调知行合一、躬行践履,是教育家精神的核心。

师者,应将教育理论转化为教育实践,将道德理想与教育理念付诸行动,避免空谈。孔子云:“知及之,仁不能守之,虽得之,必失之。”(《论语·卫灵公》)仁不能守之,是知而不能行者也,是知行脱节。道德行为总是对知的实行。“行者不是泛然而行,乃行其所知之行也。”(《答张敬夫》)中国传统教育强调“行”在知行关系中的主导作用,但同时也很重视知对于行的指导作用。“力行”首先强调“知行合一”,而后强调“知行互发”。城南书院的创始人张栻主张:“致知力行,互相发也。盖致知以达其行,而力行以精其知,功深力久,天理可得而明,气质可得而化也。”“知之进,则行愈有所施;行之力,则知愈有所进,以至于圣人。人伦之至,其等级固远,其曲折固多,然亦必由是而循循可至焉耳。盖致知力行,此两者工(功)夫互相发也。”① “知”和“行”的目的都不是获得对外在客观世界的认识,而只是认识和践行伦理道德,以实现主体的道德人格。② 近代教育家杨昌济认为“博学、深思、力行三者不可偏废,博学、深思皆所以指导其力行也,而力行尤要。力行为目的,而博学、深思为方法”③。他更强调力行是最终目标,而致知之学是过程和方法,充分体现了湖湘文化经世致用的精髓,对于当前培养教师职业素养、引导师范生积极投身教育实践颇有启发。

第二节 教师为何要涵育“言为士则、行为世范的道德情操”

教师对学生的影响是一生的,对社会的影响是永久的。教育者的精神品格,是文明传承的根基,亦是学生人格塑造的灯塔。深刻剖析教育家的精神之“言为士则、行为世范的道德情操”的内涵精要,是教育者追求卓越、践履立身的重要前提。

---

① 郭齐家,王炳照. 中国教育史研究:宋元分卷[M]. 上海:华东师范大学出版社,2000:192.
② 郭齐家. 教育立命之道与中华文化复兴[M]. 北京:人民教育出版社,2017:302.
③ 王兴国. 杨昌济的生平及思想[M]. 长沙:湖南人民出版社,1981:166.

一、高尚道德情操是教师的立身之本

道德情操是一个涉及伦理学、心理学和社会学的复杂概念，通常指人类在道德情境中产生的情感体验及其背后的价值判断；它是情感与道德的交织体，既包含人类共通的感性反应，也受社会规范与理性反思的塑造。亚当·斯密在《道德情操论》中指出，道德情操源于“同情共感”，即通过想象他人处境而产生的情感共鸣，进而形成道德判断。休谟在《道德原则研究》中则主张道德判断本质是情感而非理性，“理性是激情的奴隶”，道德判断源于人类天然的道德感（如对善的倾向）。中华传统的儒家思想则强调“仁”与“恻隐之心”（如孟子），将道德情操视为人性本善的体现，人要通过修养完善道德。

道德情操是人类社会特有的精神品质。它既包含对善与恶的理性判断，又涵盖仁爱、公正、节制等情感特质。在教师职业发展长河中，道德情操始终是教育者最本质的精神标识。从孔子“有教无类”的杏坛讲学到苏格拉底的街头论辩，从朱熹“存天理灭人欲”的严谨治学到裴斯泰洛齐的孤儿教育，人类文明史上所有伟大教育者的共同特征，都在于将道德情操转化为教育实践的精神力量。正如梁启超在《变法通议·论师范》里所言，“师道不立，而欲学术之能善，是犹种粮莠而求稻苗，未有能获者也”①，意指：教师如果不具备高尚的道德情操，而想在学术方面健康发展，这就像种下杂草而想收获稻秧一样，是不可能的。1904 年《奏定学堂章程》之初级师范学堂“学科程度章”中明确“膺师范之任者，乃当敦品养德，循礼奉法，言动威仪足为横楷”②。随着我国近代师范教育体系的建立，道德情操成为教师职业显性规范。

高尚道德情操是师生关系特殊性的要求。“师者，人之模范也。”（《法言·学行》）师生关系是一种特殊的社会关系，具有教育性、权威性和示范性等特点。所以，教师，跟医生一样，是道德水准要求极高的职业。孟子曾把国君和教师并列：“天降下民，作之君，作之师。”（《孟子·梁惠王下》）他甚至把教师凌驾于君之上，所谓“是为王者师也”（《孟子·滕文公上》）。孟子还说：“中也养不中，才也养不才”（《孟子·离娄下》），认为道德修养高、有才智的教师不断以自己的德行、才智培养、影响他人，社会就会有更多的贤才，突出了教师的育才作用。在孟子那里，

① 戴逸．辛亥百年名家经典导读：梁启超诗文选［M］．成都：巴蜀书社，2011：7.
② 舒新城．中国近代教育史资料：中册［M］．2 版．北京：人民教育出版社，1981：668.

“君子引而不发，跃如也；中道而立，能者从之”（《孟子·尽心上》）。意思是说，教师教导学生正如射手张满了弓，却不发箭，做出跃跃欲试的姿势，以启发和诱导学生。站在正确道路中间，有能力的学生便跟随而来。所以，在师生这种特殊关系中，教师扮演着至关重要的角色，教师具有“言为士则、行为世范的道德情操”，对于良好师生关系的建立以及学生的成长发展有着深远的影响。

所以，教师的职业特性决定了教师必须是道德高尚的人群。教师首先应该是以德立身的楷模，只有这样才能做到以德施教。教师只有严格要求自己，坚守道德情操，自律自爱自重，才会赢得学生的尊重和敬仰。一个老师如果在是非、曲直、善恶、义利、得失等方面出问题，怎么能担起立德树人的责任？做一个高尚的人、纯粹的人、脱离了低级趣味的人，应该是每一个老师的不懈追求和行为常态。好老师要有“捧着一颗心来，不带半根草去”的奉献精神，自觉坚守精神家园、坚守人格底线，带头弘扬社会主义道德和中华传统美德，以自己的模范行为影响和带动学生。教育工作是一种以人格来培育人格、以灵魂来塑造灵魂的职业。高尚的道德情操是教师必须修炼与坚守的职业标准。① 涵养道德情操，是教师的立身之本，是为师之要，是为师之始首先要扣好的第一粒纽扣。②

案 例

言为士则、行为世范的教育家典范晏阳初

中华平民教育促进总会（简称平教会）的成立，加之晏阳初的宣传鼓动，越来越多的知识分子投身于平民教育。郑锦曾是国立北京艺术专科学校的创办人兼校长，也是晏阳初的好友。彼时晏阳初曾当面问他：你的画作何以只供豪贵赞扬，而不用生花妙笔表达平民的困苦生活？不久，深受触动的郑锦辞去校长职务，担任平教会视听教育部主任。之后，在此般有过之而无不及的理想鼓动下，熊希龄、梁启超、胡适、蒋梦麟、陶行知等人陆续加入平教会，并负责各项事务。胡适不仅自己参加，还把儿子胡祖望也捎上，一起做教员。

“苔花如米小，也学牡丹开”——这或许正是教育家精神的终极隐喻。当教

① 李佳．教师礼仪与文化修养［M］．上海：上海交通大学出版社，2016：156.
② 仲尧明．真实教育，优雅人生：素质教育实践［M］．南京：河海大学出版社，2023：55.

师将“小我”融入“大我”，教育的意义便超越了时空，恰如暗夜中的烛火——不争日月之辉，却以微光引燃星河；亦如深山的溪流——不慕江海的磅礴，却以滴水穿石的韧劲滋养大地。此谓师者之大德：以无我成就大我，以有限创造无限，甘作人梯，师道功成，终将迎来人类文明的星辰大海。当 ChatGPT 可以写出优美文章，阿尔法围棋（AlphaGo）能够战胜围棋冠军时，教育者更需要守护那些无法被算法量化的价值：对真理的敬畏、对弱者的同情、对美好的向往。这些道德情操的薪火，将在教育者的坚守中永远传承。

二、语言是教师善教继志的利器

语言是人类社会存在的基础。人的本质是一切社会关系的总和，社会关系是个人、群体、国家相互之间的关系。每个具体的人是构成社会关系的基本元素，他们通过社会互动形成一定的群体乃至国家。个人、群体、国家之间的多元素、多角度的纷繁互动，必然形成复杂的多维度多层次的立体结构，而语言正是人们亘古以来进行社会互动的核心甚至唯一的工具，即我们通过语言形成了一个基于互动的结构复杂的社会。

语言具有“化人”之功效。言如其人，言为心声，语言既可识人、示人，又可感人、化人。通过语言教育，可以提升语言能力，构建言语风格，形塑理性、积极的个性品质。能够言说是个体社会化的前提，也是个体充分发展的保障。我们生活在语言的世界里，又通过个体的言语活动，建构认知于内，表达情意于外。语言是人与人交往的关键工具，温和的语言带来宁静与愉悦，粗恶的语言引发紧张与冲突。使用良言或恶语，与说话人的个性品质有关。有意识地使用良言而非恶语，有助于启动刻意训练机制，使良言所生发的内在心理机制形成记忆，成为优化个性品质的自觉推动力。而当具备这些优良个性品质者日益增多时，这些品质就将慢慢沉淀为中华民族性格的一部分，成为推动民族文化甚至国家发展的最深沉的力量。

1904 年，清政府颁布的《奏定学堂章程》中初级师范学堂“学科程度章”就提示了教师语言的重要性，“教师善于语言者，则其讲解学理，醒豁确实，启悟必多；故当教授之际，宜时使学生演述所学，以练习言语”[1]。这说明了教师的“言说”的重要性。再往前追溯，《礼记·学记》也有云：“善歌者，使人继其声；

① 周予同．中国现代教育史［M］．福州：福建教育出版社，2007：177.

善教者，使人继其志。其言也约而达，微而臧，罕譬而喻，可谓继志矣。”优秀的歌唱家会使听众不约而同地跟着他歌唱，优秀的教师也会使学生自觉地跟随他指引的方向去学习。教师讲解能引人入胜，就在于语言简练而道理明彻，叙述浅近而含义深远，不多举例而富有启发，这样就能让学生按照他指引的方向去努力学习。所以，这里是以“善歌继声”作比喻，提出善教者要使学生能积极自觉地跟着老师学习，达到“继志”的要求。① 而对于教师来讲，“善教”即“善歌”。

被誉为台湾文学巨擘的教育家齐邦媛说：“对我而言，教书从来不只是一份工作，而是一种传递，我将所读、所思、所想与听我说话的人分享，教室聚散之外，另有深意。他们，都是我心灵的后裔。”② 教师只有不断提升自身素养，终身学习，才能成为“善歌者”。优秀的教师会让学生在自己的“言说”中，汲取学识才智的营养，模仿教师的优良品行，继承教师的崇高志向。师道传承，由此而现。

第三节　如何涵育“言为士则、行为世范的道德情操”

立德树人是师生道德共治的协同过程，教师的一言一行将直接影响学生的心理与行为变化，好的教师往往会将自己信奉的道德信条作为个人行为的操作指南，自重自律，以稳如泰山北斗般的行止与风尚，润物细无声地感染学生、引导学生和成就学生。那么，教师涵育言为士则、行为世范的道德情操，主要有哪些路径呢？

一、言传身教

我国自古以来，著名教育家没有不注重言传身教的，略举几句如下：

> 不能正其身，如正人何？
>
> ——孔子
>
> 知之不若行之。
>
> ——荀子
>
> 知行互发。
>
> ——朱熹

---

① 郭齐家．教育立命之道与中华文化复兴［M］．北京：人民教育出版社，2017：384．

② 齐邦媛．巨流河［M］．北京：生活·读书·新知三联书店，2016：223．

真知即所以为行，不行不足谓之知。

——王阳明

学校犹水也，师生犹鱼也，其行动犹游泳也，大鱼前导，小鱼尾随，是从游也，从游既久，其濡染观摩之效，自不求而至，不为而成。

——梅贻琦

教师要以身作则，就要言传身教，要把“有言之教”和“无言之教”结合起来。《论语·卫灵公》说：“智者不失人，亦不失言。”也就是说，一个聪明、合格的教师既不错过人才，也不浪费言语，采用“有言之教”与“无言之教”两种方式，该用语言讲的用语言讲，不用语言讲的用行为使其模仿。“言教”在于说理，以提高学生的认识；“不言教”在于示范，实际指导学生的行动。在处理二者关系方面，孔子主张“予欲无言”，强调身教，“天何言哉？四时行焉，百物生焉，天何言哉？”（《论语·阳货》），天不需要说什么，四季照样运行，百物照样生长。所谓“无言之教”，就是通过示范去影响学生。

教师要以自己合乎规范的道德行为给学生作出榜样。教师提倡要学生做的，自己必须先做到，不让学生做的，自己首先要坚持不做。教师所说的和所做的一致，证明所说的是正确的，所做的是合理的。总之，教师将“言传”与“身教”相结合，更能让学生产生情感共鸣，从而形成良好的师生关系，进而产生“其身正，不令而行”（《论语·子路》）的效果。皮亚杰的同化与顺应理论，班杜拉社会学习理论中的观察学习等，都能为言传身教的重要意义作出理论解释。

二、从小处做起

说到从小处做起，自然会想到“防微杜渐”这个词。但在出现该词之前，政治家、军事家、思想家管仲就曾讨论过“小”与“微”的重要性。《管子·权修》倡导“修小礼，行小义，饰小廉，谨小耻，禁微邪”，说的就是对于一个国家来说，要形成一个良好的社会风尚，统治者就必须教导人民注意从小处做起。管仲还认为：“凡牧民者，欲民之正也。欲民之正，则微邪不可不禁也。微邪者，大邪之所生也。微邪不禁，而求大邪之无伤国，不可得也。”（《管子·权修》）如果不从小处做起，不去防微杜渐，那么“微邪”就会变成“大邪”，“大邪”最终也会危害到国家。

古人提出的防微杜渐，与物理学的“熵增原理”十分接近，熵增原理表明，在孤立系统中，系统的熵不会减小，总是增大或不变，即系统会从有序向无序发展，就像一个房间如果不整理就会逐渐变得杂乱无章一样。防微杜渐的思想有助于维持系统的低熵状态。及时发现并纠正系统中出现的微小偏差或异常，能够防止系统进一步偏离有序状态，避免熵的过度增加。

如果从正面的角度看，从小处做起也彰显了积累的作用。老子说“天下大事，必作于细”（《道德经》），天下大事从细小之事开端；荀子说“不积跬步，无以至千里；不积小流，无以成江海”（《荀子·劝学》），知识能力的学习要一点一滴积累。从道德的角度来说，积善成德，积善余庆，一个人要想修养好道德情操，最重要的是时时刻刻从小处严格要求自己，只有这样经过日积月累的培养，最终才能修成大德，不仅于自身有益，还能福泽他人，福泽子孙后代。

除了父母，教师就是学生心中最近的处世标杆。在学校内部，“其身正，不令而行；其身不正，虽令不从”（《论语·子路》），年龄越小的孩子向师性就越强，教师要时刻记得自己生活在孩子们的视域范围之内，从遵守时间、诚实守信、尊重他人、精心备课、严谨治学、认真批改作业等细节处入手，为学生树立榜样，同时也督促自身日益形成优良道德品质。走出校门，教师也要谨记自身的教师身份，勿以善小而不为，勿以恶小而为之，用高尚的人品擦亮自己的灵魂，推进社会的文明进步。

三、修身自省

按照我国自古以来的主流价值观，人们都应该不断反思自己，主动提升自身思想道德修养。以《礼记·大学》为例：“自天子以至于庶人，壹是皆以修身为本。其本乱而末治者否矣。其所厚者薄，而其所薄者厚，未之有也！此谓知本，此谓知之至也。”教师是文化的传承者和引领者，也就是《礼记·学记》所言的“能为师然后能为长；能为长然后能为君”，所以更要不断提高自身修养，担当社会之“模范”。

那么，何以修身?《礼记·中庸》曰：“好学近乎知，力行近乎仁，知耻近乎勇。知斯三者，则知所以修身；知所以修身，则知所以治人；知所以治人，则知所以治天下国家矣。”也就是说，爱好学习而明智、努力行善而仁爱、知道羞耻而勇敢是修身的三个重要的前提条件。关于这一点，孔子认为，“德之不修，学之不讲，闻义不能徙，不善不能改，是吾忧也”（《论语·述而》）。“德”“义”“善”是务必追求的目标，如果无德、不义、不善，就会被称为“过”。孟子也极为赞赏前人改过迁善的品质，说“子路，人告之以有过则喜。禹闻善言，则拜”

(《孟子·公孙丑上》)。

对于什么是“过”，韩愈的要求恐怕是最为严格的。他在《省试颜子不贰过论》中说“所谓过者，非谓发于行、彰于言，人皆谓之过而后为过也；生于其心则为过矣”，意思是过错并不是说一定要表现在行为和言语中，只要是在内心产生了不好的念头，就已经算是过错了。而从“古人有言曰，告我以吾过者，吾之师也”(《答冯宿书》)看，韩愈对于能知过改过很重视，认为告诉自己过错的人都是自己的老师。后来，宋明两代“心学”开山之祖陆九渊也说：“过者，虽古之圣贤有所不免，而圣贤之所以为圣贤者，惟其改之而已”(《与傅全美》)，也是认为有过很正常，连帝王也难免，重点是要知过能改。

按照上述观点，过错已不仅表现为外在的言行，还表现为一个人内心世界的观念。因此，内省是靠自觉性来监督的，不自觉就难以真正进行内在的自我反省，要“见贤思齐焉，见不贤而内自省也”(《论语·里仁》)，要“见善，修然必以自存也；见不善，愀然必以自省也。善在身，介然必以自好也；不善在身，菑(灾)然，必以自恶也”(《荀子·修身》)，要“大揆度仪，若觉卧，若晦明”(《管子·宙合》)。作为教师，不但要有见贤思齐、以求上进的心态，也要有反躬自省、改过自新的勇气，只有这样才能秉持大学之道，明德新民，止于至善。

关于内省的标准，儒家强调克己内省以便协调人与人的关系，严于责己，宽以待人，任何行为如果没有得到预期的效果，便反躬自省。[①] 这个标准也许有些苛责，是以圣人的标准在要求自己，但教师职业本身就是“天底下最光辉的职业”，尤其是教师教授的对象主要是未成年人和青年，掌握着较大的主动权，所以，如果教师所采取的行为未能取得预期效果，确实应该从自身多找原因。只有通过对课堂讲授、知识研讨、师生交往等各种场景中的言行举止“三省吾身”，才能“苟日新，日日新”，不断精进，成就至善至美的道德情操。

四、全面立德

从古至今，我国选择教师，都坚持以“德才兼备”为标准，但“德”与“才”二者，“德”为首位，“才”是德的羽翼，即将“道德情操”视为师道的重心。《左传》有云，“德，国家之基也”，《礼记·文王世子》所载，“师也者，教

---

① 郭齐家．教育立命之道与中华文化复兴［M］．北京：人民教育出版社，2017：52.

之以事而喻诸德者也”，北宋司马光称“夫聪察强毅之谓才，正直中和之谓德”(《资治通鉴》)等等，表达的都是看重师德的意思。教师之“德”的重要性，当然缘于教育是“成人”的教育，“厚德载物”“德高望重”“以德服人”等，都反映了道德情操对于育人工作的重要性。

在不同的时代，“德”的具体指向略有差异，但总体不离“为人处世”的基本原则。时代不同，所处之事有异，从而使教师道德情操的内涵有所变化。比如，古代的教师之德，主要指拥有为人正直、谦逊有礼等品德修养，执行有教无类、因材施教的教育理念，展现敬业乐教、循循善诱的教学态度，追求严管厚爱、严慈相济的师生关系等；近代的教师之德，增加了救亡图存的使命和传播科学民主思想的担当；新中国成立之后，师德的一个鲜明特点就表现为坚持无产阶级立场，坚持为人民服务的精神；新时代，“明大德、守公德、严私德”成为公民道德建设和广大党员干部道德修养的重要要求，人民教师对此更要坚定执行，严格遵守私人生活领域的道德规范与行为准则，明确遵守社会公共生活中的公序良俗，坚定遵守关乎国家、民族、人民利益的根本大德。

思考与练习

1. 若你是一名教师，如何在日常教学中通过“无言之教”(如肢体语言、环境营造)影响学生？

2. 人工智能对教师“立言”与“力行”的传统角色提出了哪些挑战？教师应如何应对？

3. 假设你是一位新入职的教师，发现某同事在课堂上言行失范，请根据“世范为师范，树立道德标杆”的观点，设计一段对话劝诫对方，并说明理由。

4. 你认为可以如何通过“教学相长”改进当前教育中的师生互动模式？

5. 某中学教师张老师在批改作业时发现学生小李多次抄袭他人的答案。张老师没有当众批评小李，而是私下与他谈心，了解到小李因家庭变故导致学习压力大，所以通过抄袭来应付作业。张老师决定与小李共同制订学习计划，并每周抽出时间辅导他，同时鼓励他参与班级互助小组。半年后，小李的学习态度明显改善，成绩稳步提升，还主动帮助其他同学。

问题：请结合道德情操的内涵，分析张老师的言行体现了哪些教育家精神，并谈谈这种处理方式对师生关系和学生道德成长的积极意义。

第五章 教育家精神之“启智润心、因材施教的育人智慧”

大家箴言

教过我的老师很多，至今我都能记得他们的样子，他们教给我知识、教给我做人的道理，让我受益无穷。①

——习近平

学习目标

1. 理解“启智润心、因材施教的育人智慧”的含义。
2. 了解“启智润心、因材施教的育人智慧”的行为。
3. 掌握“启智润心、因材施教的育人智慧”内化于心、外化于行的实践路径。

内容导航

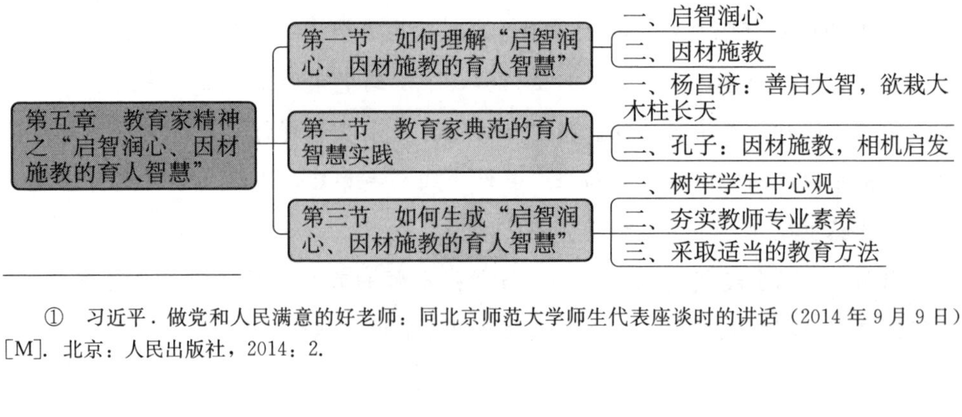

① 习近平．做党和人民满意的好老师：同北京师范大学师生代表座谈时的讲话（2014 年 9 月 9 日）[M]. 北京：人民出版社，2014：2.

第一节 如何理解“启智润心、因材施教的育人智慧”

教育本质上反映的是教师与学生之间的关系。这种关系最理想的形态，是教师实现个人理想与对社会的担当，学生“启智润心”，并终生受到影响，而“因材施教”则是实现师生共赢的核心方式。根据习近平的阐释，教师是否具备育人智慧，关键就是看其能否启智润心、因材施教。那么，到底何谓启智润心？何谓因材施教？

一、启智润心

从原初意义上说，“启”是打开门，“智”是快速准确地表达，“润”是雨水滋润使之呈现光泽。统而言之，“启智润心”就是启迪智慧，滋润心田；分析而言，启智、润心又各有其内涵要素。

其中，“启智”指像打开一扇门一样，使人从蒙昧状态走进智慧状态。那么，什么是智慧状态呢？孔子说“知之为知之，不知为不知，是知也”，能清晰认识到自己懂的与不懂的，这是一种大智慧。孔子又说“知者乐水”，智慧的人喜欢水，可能是因为水一直不停地流淌，代表着一种永恒的变化，而智者能够认清“变化”这一万物常态，能够因时而变、因事而变。

孔子对“智”的理解，更像是一种哲学，需要反复去悟。荀子的理解则更直白些，他说“知之在人者谓之知，知有所合谓之智”，意思是表现在人身上的认知能力只是知识，当这种知识能够运用于外在于人的具体环境时，就变成了智慧。荀子的这种理解，可以联系到王阳明的“知行合一”，即“知”是知识性的静态的认知，“行”将知识与实践结合起来，二者不断互动，才可以臻于智慧。

落实到教育教学中，“启智”就应该分为两个方面：一是基础知识与基本技能的教学，使学生能够“知之”；二是将基础知识、基本技能与生活实践、情境实践结合起来，使学生能将简单的规则性知识运用到多样化的具体实践中，并在具体的解决问题的尝试当中逐步达到能够“行之”的水平，并以“行之”的反思，反哺对于规则必然性及其运用多样性的认知。

如果说“启智”重在知识获取、思维提高与践行反思，是一种“硬”学习，那么，“润心”则侧重的是对心灵的滋养，对灵魂的启迪，是一种无用之用的“软”学习。“润心”效果产生的标志，较轻的是触动了心灵，较重的是触动了灵魂。“润心”效果的产生方式，当然在于“润”，“润”的本义是水往下滋润万物，杜甫《春夜喜雨》里的“随风潜入夜，润物细无声”是对“润”的最生动描绘。故而，“润心”强调的是教育过程与方式的渐进、温和、自然而然。

案　例

于漪《背影》课堂话语摘录

师：是啊，在这样千难万苦的逆境下父亲为儿子所做的一切，比在平时特别是顺境中所做的不知要可贵多少倍，他把“俯首甘为孺子牛”的挚爱都凝聚在离别时的举动中，怎能不让人潸然泪下呢?

师：世间的爱有万千种，唯有父母的爱最为无私。时间的长河可以带走一切，但带不走父母的爱。它已深入我们的骨髓，融入我们的血液。这爱留在我们的心中，时刻温暖着我们的生命历程。

师：亲情是一把结实的伞，你有困难了，能为你遮风挡雨；亲情是一件厚厚的棉衣，一碗热气腾腾的汤，你冷了，能为你抵御严寒；亲情是一把舒服的椅子，一张柔软的床，你累了，能让你缓解疲惫；亲情是一条干爽的毛巾，你哭了，能为你拂去心中的泪水；亲情是一杯甜甜的冰红茶，你不开心，能让你从嘴里甜到心里……

也许正因其在过程与结果双方面的重要作用，习近平在2021年3月看望参加政协会议的医药卫生界教育界委员时，就将“启智润心”与“培根铸魂”并列提出，要求“从党和国家事业发展全局的高度，坚守为党育人、为国育才，把立德树人融入思想道德教育、文化知识教育、社会实践教育各环节，贯穿基础教育、职业教育、高等教育各领域，体现到学科体系、教学体系、教材体系、管理体系建设各方面，培根铸魂、启智润心”①。

① 习近平看望参加政协会议的医药卫生界教育界委员［EB/OL］. 新华网，2021-03-07.

二、因材施教

从过程维度来看，既然要启智润心，就必然需要因材施教。因为无论是“启智”还是“润心”，都离不开对个体的关注，需要真正意义上的以人为本，大力提倡“因材施教”，即教育者必须针对不同年龄阶段、不同学习水平、不同天赋禀性以及不同志趣特长的学生，采取不同的教育方法。

说到“因材施教”这一教育思想，必然会谈到孔子。朱熹在《论语集注》中说：“孔子教人，各因其材。”这便是孔子“因材施教”美誉的由来。司马迁在《史记》中综述孔门弟子时提道：“孔子曰‘受业身通者七十有七人’，皆异能之士也。”孔门弟子性情各异，于孔子而言，教育的意义在于引导每个人从自我禀赋和个性出发，找到个体在社会中的合理位置，通过受业而身通，立身行道，发挥各自的才能，或立德，或立功，或立言，从而敞开自我人生整体发展的通道。

因材施教理论，与教育心理学相关理论不谋而合。比如，皮亚杰的认知发展阶段理论认为，不同年龄学生的认知水平不同，需匹配相应的教学内容和教学方法；加德纳的多元智能理论认为，人有语言、逻辑、空间等多种智能且发展不均衡，教育应关注个体优势智能的培养。此外，按照马克思主义关于人的全面发展学说，人的发展是个性与共性的统一，既要实现全面发展，也要承认个性差异，那么，只有通过因材施教，才能促进每个个体潜能的充分发挥，最终实现人的真正的全面发展。

不过，也有学者发现，人们在关注孔子因材施教的同时，往往将“因材”解读为关注人的身心发展的差异性，这种解读虽有其道，但尚显片面，未能充分彰显孔子之“教”的深层意蕴，并进而引用朱熹的“圣贤施教，各因其材，小以成小，大以成大，无弃人也”，认为朱熹这里强调的不仅是孔子的“因材”而教，更是将“因材”之“教”置于个体成人的广阔视域之中，即让每个人都能找到自我成长的可能性，实现个体自身的“成”，顺乎每个人自我成人之道。①

也就是说，孔子“因材”而教的“材”，不是现代语境中作为客观之物、被

① 杨增岽，党佳美．教育家精神：中华传统师道文化的当代彰显［J］．学校党建与思想教育，2025（5）：4－9，19．

还原的人，而是置于个体求道而成人的目的与背景中的整体性的人。差异化教育可以从孔子“因材”而教来考察，因材的目的乃是导，导向于道。依照个人的特殊性及其与普遍性的关联方式，即依照个性之“材”与普遍之“道”的关联方式，导出一条条契合个人自身发展潜能与特点的个性化路径。从这个意义上来说，蔡元培“知教育者，与其守成法，毋宁尚自然；与其求划一，毋宁展个性”，也是强调尊重学习者的自然天性与个性差异，用“润心”的态度与方法，与每位学生一起，协助他们探索适合自身的成长目标与成人路径。

最后，值得提醒的是，因材施教并不仅仅强调针对不同的学生采用不同的方法，它还提示了应该针对不同的情况采取不同的教育教学对策，这个不同情况中的学生，既可以指个体，也可以指全体。并且，孔子的因材施教是在个别化教学的时代实施的，在以班级教学为主的今天，因材施教需要更多考虑班级授课这一现实形态，更多关注以集体为对象的因材施教。

总之，教育家精神中所强调的“启智润心、因材施教”，实质上便是古代教育智慧在现代的延续和发扬①，强调教育教学的目的，既在于激发学生的智慧和潜能，也在于培养学生的道德情操与健全人格；强调教师要因材施教，既能在合适的时机对学生进行干预和引导，更能坚持润物细无声般的长期熏陶。

第二节　教育家典范的育人智慧实践

由于“启智润心、因材施教”具有一定的抽象性，因此，本节以案例的形式，着重展现两位著名教育家的育人智慧及其背后理念。其中，杨昌济以“自闭桃源称太古，欲栽大木柱长天”为志，通过深入践行，深刻地影响了毛泽东等一批国家栋梁；孔子不仅提出了“不愤不启，不悱不发”的启发原则，还在实践中处处展现了“因材施教”的教育理念。

一、杨昌济：善启大智，欲栽大木柱长天

杨昌济（1871—1920），字华生，又名怀中，近代著名教育家、伦理学家，

① 黄雅昕，陈建华．教育家精神：师道哲学的复归与当代发展［J］．中国远程教育，2025（3）：33－46．

湖南长沙人。1903年赴日留学途中表示身赴异邦而心怀中土，因此改名怀中。

杨昌济①

（一）欲栽大木柱长天的使命

杨昌济自弱冠之年便立志投身于教育，视教育为一项寂寞而神圣的事业，相信“桃李不言，下自成蹊”，不欲勉强邻于伪善而甘守冷静，并将“自闭桃源称太古，欲栽大木柱长天”② 作为毕生使命。1913年，他在《教育与政治》③ 一文中阐述了自己笃志教育的初衷：

> 处此时势，惟在少数之善良分子，协力与多数之腐败分子奋斗，积诚立行，以回易世俗之耳目而转移其风气，故政治而外，吾辈正大有事在。欲救国家之危亡，舍从事国民之教育，别无他法。

杨昌济对于国事之忧，在《达化斋日记》中时有体现。如：

> 日内忽忽不乐，实为非理。平心自问，有何不足之处耶？若大局危急，则所谓他人之事，天意主张者；尽吾一人之心，尽此一日之心而已，徒忧何益乎？④

又如：

> 席间座客所谈，多赌钱渔色招权纳贿之事，此皆中上等社会宜为国民之模范者，乃腐败恶浊如此，良为可叹。彼等习惯已成，末由挽救，惟与青年之天良尚未凿丧者讲明义理，使未入腐败社会以前，即知此等事之为俗恶，

① 杨昌济．达化斋日记［M］．长沙：湖南人民出版社，1978：扉页．

② 湖南第一师范校史编写组．湖南第一师范校史（1903—1949）［M］．上海：上海教育出版社，1983：92．

③ 杨昌济．杨昌济集［M］．长沙：湖南教育出版社，2008：43．

④ 杨昌济．达化斋日记［M］．长沙：湖南人民出版社，1978：5．

庶将来入社会之时不为所动。①

如此等等，在看似自我宽慰，或叹息转念之间，既展现出深切的拳拳爱国心和心忧家国情，也表现了他对教育力量的希望。这份家国情怀和对教育的希冀，正是杨昌济俯身教育的根本动力，或者说，杨昌济从事教育活动，根本目的是改造人心道德，进而唤醒民众共同起来挽救国家危亡。

为了改造人心道德，杨昌济希望通过教育，“作成有公共心之个人主义之人”②。这里的“个人主义”，既关乎个人利益，更强调个人的独立人格。在20世纪初的中国，他积极倡导维护个人利益，尤其是生命、财产之权益，认为生存竞争激烈，人相聚为团体，于团体之下，应守护自身权利，谋求自身利益。

然而，杨昌济也清醒地认识到个人主义的局限与弊端，如个人主义者有时可能忽视社会利益，甚至损害社会利益，或过于专横，要求周围人服从自己的意志。因此，他特别强调：“为求社会之维持与发达，个人需为社会牺牲自身利益；然其所坚守之信念，则不可轻易牺牲。若个人放弃自己的信念，则失其人格，无个人之价值。”在他看来，“为社会牺牲自身利益”，或主动给予他人同情与帮助，是“公共心”的外在表现。而最根本、最重要的“公共心”，便是爱国心。当国家利益与其他团体利益发生冲突时，应毅然牺牲后者以维护前者。

杨昌济明确指出，公共心与利己心绝然对立，不可同时养成；但公共心与个人主义并非不可调和，“养成有公共心同时有主见之人，乃可能之事”。他虽主张教育以养成人格为首要目的，但对教育教学中“一切皆以道德为主，道德考虑支配一切”的泛道德主义倾向保持高度警惕。他认为，即便一个人在道德上无可挑剔，但若缺乏生活于社会所必需的知识技能，也难以在社会中立足，因此，应根据社会生活的现实需要来决定教育的目的，用“个人主义”来统摄爱国、坚忍、勤俭、博爱等道德素质，以立志为出发点来倡导博学、深思、训练等道德修养方法。③

（二）启大智、成英才的成效

杨昌济于1914年到1918年6月期间，在湖南省立第一师范学校担任修身课

① 杨昌济．达化斋日记［M］．长沙：湖南人民出版社，1978：12.

② 欧阳询．论杨昌济教育伦理思想的三个面相［J］．湘潭大学学报（哲学社会科学版），2022（1）：171－175.

③ 欧阳询．杨昌济的个体道德思想探略［J］．湖南第一师范学院学报，2022（6）：64－71.

教师，对毛泽东颇为欣赏。毛泽东考入该校时作文满分是杨昌济的建议，毛泽东与袁吉六在课堂上因文风争吵后，杨昌济及时进行了引导。杨昌济对青年毛泽东的欣赏，曾经体现在其《达化斋日记》中：

毛生泽东言：其所居之地为湘潭与湘乡连界之地，仅隔一山，而两地之语言各异。其地在高山之中，聚族而居，人多务农，易于致富，富则往湘乡买田。风俗纯朴，烟赌甚稀。渠之父先亦务农，现业转贩，其弟亦务农，其外家为湘乡人，亦农家也；而资质俊秀若此，殊为难得。余因以农家多出异材，引曾涤生、梁任公之例以勉之。毛生曾务农二年，民国反正时又曾当兵半年，亦有趣味之履历也。①

在应蔡元培之邀前往北京大学任教授后，杨昌济仍然十分关心湖南新民学会的活动，积极支持毛泽东、蔡和森等人组织的赴法勤工俭学运动，协助湖南赴法留学生筹措经费，并介绍毛泽东进北大图书馆工作。甚至临终前，还曾强撑病体，给他的好朋友、北洋军政府教育部部长章士钊写信，恳切举荐毛泽东和蔡和森二人，说：“毛蔡二君，当代英才，望善视之。吾郑重语君，二子海内人才，前程远大，君不言救国则已，救国必先重二子。”②

杨昌济的教育思想，不仅对毛泽东、蔡和森、李维汉等身边学生产生了深刻的影响，而且还在当时的社会上起到了思想启蒙的重要作用。现收入《毛泽东早期文稿》的《〈伦理学原理〉批注》，是1917年至1918年毛泽东在湖南省立第一师范学校听杨昌济授课后，在教材上写的批语。从这蝇头小楷写的12 000余字批语看，毛泽东读《伦理学原理》时，思想上受到很大震动。1917年8月23日，他在致黎锦熙的信中表明自己的决心“以大本大源为号召”追求人生目标。

杨昌济反对做官和混世，劝告学生要有远大理想，清白做人，认真做事，服务社会。他在讲课时说：“古来殉道者，宁死而其志不可夺，……牺牲己之利益可也，牺牲己之主义不可也。不肯抛弃自己之主义，即匹夫不可夺志之说也。”对于杨昌济的教导，毛泽东拳拳服膺，下课之后常邀一群志同道合者去岳麓山下聆听教诲，或听治学、做人方法，或求改正笔记，或论天下大事。毛泽东还把杨昌济翻译的《西洋伦理学史》（当时尚未出版）借出，用毛笔抄誊七大本，在学

---

① 杨昌济．达化斋日记［M］．长沙：湖南人民出版社，1978：163.

② 曾长秋．探求“大本大源”：毛泽东作《〈伦理学原理〉批注》［J］．湘潮，2024（6）：48-51.

生中传阅。①

受杨昌济的影响，毛泽东把树立远大理想看成做人的根本和实践道德行为的动力。青年毛泽东的师生关系观也深受杨昌济的影响，他认识到，为了实现“学生方面很有自动的活泼的精神”，必须革新师生关系，即他所谓的“师生革命”，当然，这里的“革命”，“非兵戎相见之谓，乃除旧布新之谓”。事实上，青年毛泽东与杨昌济之间建立了一种平等交往的新型师生关系，这对毛泽东的成长进步起到了至关重要的作用。

正是在杨昌济、黎锦熙、徐特立等一批先进教师的引导之下，毛泽东等成立了新民学会这一著名的青年进步团体，并以与杨昌济核心教育理念完全吻合的“革新学术，砥砺品行，改良人心风俗”② 作为学会宗旨。毛泽东于 1917 年 4 月在《新青年》上发表的《体育之研究》，所提出的“体育一道，配德育与智育”教育主张，以及体育、德育、智育应分别采用养护、教授、训练的教育方法等观点，乃至基本概念和术语，都明显受到了杨昌济教育思想的影响，这一影响还延展到了新中国成立后，毛泽东一直强调要让学生“在德、智、体诸方面生动活泼地主动地得到发展”③。

师恩涓滴，学子永记。1920 年杨昌济去世后，毛泽东在《致黎锦熙信》中深情地回忆了恩师，也从侧面反映了杨昌济学术思想的兼容并蓄与超越门户之争的气度：

> 我对于学问，尚无专究某一种的意思，想用辐射线的办法，门门涉猎一下。……斯宾塞尔最恨国拘，我觉学拘也是大弊。先生及死去了的怀中先生，都是弘通广大，最所佩服。④

20 世纪 30 年代，毛泽东在延安与美国记者斯诺谈话，回忆在湖南省立第一师范学校学习时，又说：

> 对我印象最深的教员是杨昌济，一个从英国回来的留学生，他的生活，后来和我有了极密切的关系。他教授伦理学，是一个唯心主义者，一个有高

① 曾长秋．探求“大本大源”：毛泽东作《〈伦理学原理〉批注》[J]．湘潮，2024（6）：48－51.

② 毛泽东书信选集［M］．北京：人民出版社，1983：11.

③ 中共中央文献研究室．毛泽东文集：第 8 卷［M］．北京：人民出版社，1999：376.

④ 中共中央文献研究室，中共湖南省委《毛泽东早期文稿》编辑组．毛泽东早期文稿（1912.6—1920.11）［M］．长沙：湖南出版社，1990：478.

尚道德性格的人。他很坚强地信仰他的伦理学，努力灌输一种做公正的、道德的、正义的而有益于社会的人的志愿，给他的学生们。在他的影响之下，我读了一本关于伦理的书。这书是蔡元培翻译的。我读完后写了一篇论文，题名叫《心智的能力》。那时我是一个唯心主义者，而我的论文被杨昌济老师大大称赞着。他给了我一百分。自然他是从他的唯心观点来看的。①

毛泽东之外，其他学生也对杨昌济先生多有回忆，比如萧三曾撰文回忆杨昌济对毛泽东等人的影响说：“杨昌济（号怀中）先生对毛泽东同志和许多同学，影响很大……毛泽东同志、蔡和森同志……每逢星期日，就到杨先生的家里去讲学问道。”②

杨昌济（号怀中）先生对毛泽东同志和许多同学影响很大。杨先生是长沙人，在第一师范教伦理学、论理学、心理学、教育学、哲学。他曾在日本留学六年，又在英国留学四年，但始终不离中国的理学传统，喜讲周、程、朱、张，喜讲康德、斯宾赛尔和卢梭的《爱弥儿》……杨先生并不善于辞令，也不装腔作势，但他能得听讲者很大的注意与尊敬，大家都佩服他的道德学问。他的讲学精神，使得在他的周围，形成了认真思想、认真求学的学生之一群。③

总之，杨昌济这位自小接受父亲的庭训，饱读宋明理学著作，既曾一度承继父业授徒于乡村，又曾留学日本和英国十年的大先生，道德学问皆为一流，从不装腔作势，尊重学生的生命价值和人格尊严，善于发现学生中的异才，并孜孜以教导之，充分体现了教育家精神之“启智润心”。

二、孔子：因材施教，相机启发

孔子名丘，字仲尼，鲁国陬邑（今山东曲阜）人，3 岁丧父，幼时“多为鄙事”，但好陈列祭祀用的俎豆作为行礼仪式的游戏。15 岁时对学问产生了兴趣，做过主管仓库、牛羊的小官，22 岁设教于曲阜阙里，30 岁学问已经大成，颇受当时贵族阶级的尊敬，相传曾问礼于老聃，学乐于苌弘，追随他的学生日益增

---

① 五四运动在湖南：回忆录［M］. 长沙：湖南人民出版社，1979：5.

② 曾靖涵．五四时期毛泽东的反迷信思想探析［J］. 科学与无神论，2024（6）：24－36.

③ 萧三．毛泽东的青少年时代［M］. 长沙：湖南大学出版社，1988：45－46.

多。在长年的师生交往过程中，孔子成为中国大教育家之第一人，形成了因材施教、启发教育等对后世影响极大的教育理念。

（一）因材施教

孔子的教学方法主要是因材施教。《论语》中有许多孔子因材施教的案例。比如《论语·先进》曰：

> 子路问："闻斯行诸？"子曰："有父兄在，如之何其闻斯行之？"冉有问："闻斯行诸？"子曰："闻斯行之。"公西华曰："由也问'闻斯行诸'，子曰'有父兄在'；求也问'闻斯行诸'，子曰'闻斯行之'。赤也惑，敢问。"子曰："求也退，故进之；由也兼人，故退之。"

对于子路、冉有问的同一个问题——听到了是否马上就去行动，孔子做出了不同的指导，并在公西华问疑时给出了缘由：子路性格鲁莽、好勇过人，所以做事要多考虑父兄的意见，不要冲动行事；冉有性格软弱、易于退缩，所以鼓励他听到了就去做，以培养果断和勇气。

再比如《论语·颜渊》曰：

> 颜渊问仁。子曰："克己复礼为仁。一日克己复礼，天下归仁焉。为仁由己，而由人乎哉？"颜渊曰："请问其目。"子曰："非礼勿视，非礼勿听，非礼勿言，非礼勿动。"……仲弓问仁。子曰："出门如见大宾，使民如承大祭。己所不欲，勿施于人。在邦无怨，在家无怨。"……司马牛问仁。子曰："仁者，其言也讱。"曰："其言也讱，斯谓之仁矣乎？"子曰："为之难，言之得无讱乎？"

颜渊是孔子的得意门生，品德好，聪明好学，领会能力强，所以孔子回答他"克己复礼为仁"，强调讲仁就要依礼而行，并进一步阐述了具体的四条行为准则。仲弓有雄才大略，性格仁慈贤德，孔子就从侍奉君主和管理人民的角度来分析仁，教导他对待君主和人民要严肃认真，要宽以待人。司马牛多言而躁，孔子就强调说话要谨慎，让他明白要言行一致，不能只空谈仁。

也就是说，孔子实施的是个别教学法，他不是按照一定的课程每日给学生上课，而是让学生随时发问，然后将他的回答记录下来，《论语》这本书的主要内容就是孔子与学生的对话。他在回答学生的提问时，答案因人而异。除了上面所举的例子，"问孝""问行""问君子"等各章都表现了同样的教育理念。如答问教，对孟懿子是不要违背人之礼，对孟武伯是保持健康、不要有疾病，答子游是孝父母不只要奉养而且要敬，答子夏是对父母要颜色和悦。

孔子的因材施教，还可与《论语·里仁》中的“君子之于天下也，无适也，无莫也，义之与比”联系着看。《论语·里仁》里的这句话，指君子对于天下的事，没有规定一定要怎样做，也没有规定一定不要怎样做，而只考虑怎样做才合适恰当。这就给了咱们一个提示，即“因材施教”，不仅强调教育需依据主体对象、时间的不同而有所差异，更与主体所处的环境和情景密切相关。主体在不同的时间、身处不同的环境及情景中，其言行举止都会有所差别，这种变化正是时间、情景转变的直接反映。孔子深谙此道，他是顺从情境的变化而展开教育的，旨在培养人在面对不同事物、身处不同情境时，都能做出恰当且合适的应对行为。据研究①，孔子的因材施教可以归纳为“随处适宜”，并可从以下三个方面予以理解：

第一，在具体场合中表现适宜行为。孔子根据人在不同场合需要展现不同行为的原则，对弟子进行了“随处适宜”的教育。具体表现为：“孔子于乡党，恂恂如也，似不能言者。其在宗庙朝廷，便便言，唯谨尔。”孔子认为，身处乡党之中时，应表现得温和恭敬，寡言少语，以体现对父兄长辈的孝敬；而在朝廷庙堂之上，则应以臣子的身份，本着对君王、百姓负责的态度，勇于发表政见，彰显忠心。孔子认为，这种依据内在德性和外在礼法自然形成的合宜行为，并非矫揉造作，而是礼之所在，行之所然。朱子对此有深刻见解：“只是要知得礼合如此，所以行之则和缓而不迫。盖圣人制礼，无一节是强人，皆是合如此。”孔子教人以礼，旨在引导人在不同场合自然行以合宜之举，非强迫之为，而是自觉之行。《论语》中有诸多论述，如“寝不尸，居不容。见齐衰者，虽狎，必变。见冕者与瞽者，虽亵，必以貌”等，均体现了这一原则。

第二，针对具体对象实施差异化评价。孔子的“随处适宜”教育原则，在同一场合面对不同对象时，也有着更为细致的划分。孔子指出，在朝廷之上，君主不在时，与下大夫交流需保持温和快乐而不失刚直；与上大夫交流则需和悦恭敬而不失诤言；而面对君主时，则需恭敬谨慎而不失威仪。这均是孔子依循中庸之道，教人要做出自然合宜的行为举动。孔子深知，每个人都是独一无二的个体，

---

① 李艳萍．孔子“因材施教”思想的现代性建构［J］．湖南科技大学学报（社会科学版），2019（6）：155－161.

人在不同场合、面对不同对象时，自然应有不同的表现。因此，孔子强调对学生的评价也应因时、因地、因人而异，构建了一种差异化的评价体系。这种体系避免了单一教育内容和方法的局限性，引导学生根据情境变化灵活调整自己的行为，从而避免角色扮演的混乱和身心俱疲的结果。

第三，养成包容开放的文化心态，尊重地域差异。"随处适宜"的"处"，还涵盖了"地域"这一重要方面。不同地域因自然环境、发展方向和发展速度的差异，形成了各自独特的生活方式、文化和信仰。孔子对此持开放包容的态度，他认为对于不同的文化，应给予必要的尊重和包容，不能以自我的文化环境来界定、规划他人的文化和信仰。在"子为父隐"问题的讨论中，孔子与叶公的对话便充分体现了这一点。叶公认为，其子证父攘羊为直，而孔子则以自己家乡为例，提出了另一种对正直的理解和诠释：从子女的角度考虑，以"孝"为正直的标准，子女的行为可能会出现"为父隐"的情况。孔子并未反对叶公的观点，而是以一种包容的心态，展示了在不同环境和文化中，人们对同一个社会规范的不同理解和应对行为。

（二）相机启发

与因材施教密切相关的，是孔子的启发式教学。《论语·述而》有段精辟的阐述："不愤不启，不悱不发，举一隅不以三隅反，则不复也。"对于这段经典语录，宋代朱熹与汉代郑玄的注释影响最为深远。①

> 朱熹的注释："愤者，心求通而未得之意。悱者，口欲言而未能之貌。启，谓开其意。发，谓达其辞。……复，再告也。"
>
> 郑玄的注释："孔子与人言，必待其人心愤愤，口悱悱乃后发为说之，如此则识思之深也。"

朱熹逐字逐句地解释了"愤""悱""启""发""复"等字词，旨在帮助读者准确理解语录的含义，其注释属于相对性注释。郑玄则从更宏观的视角出发，阐述孔子在启发引导学生时选择适当时机的做法，其注释属于相关性注释。然而，传统译文往往依据郑玄的注释来翻译，将"不愤不启，不悱不发"简单理解为"不到学生想求明白而不得的时候不去开导，不到学生想说出来却说不出来的时

① 赵庸谦.《论语》"不愤不启"章教育思想初探［J］.孔子研究，2017（1）：78-82，132.

候不去启发”。这种翻译方式忽略了孔子原意中的精微之处，将“启”“发”直观地翻译为“开导他”“启发他”，实则并不确切。

结合民国时期《中国大教育家》对孔子启发式教授法的理解——“他对不发愤求学与思想幼稚的人，就不去主动启发了；如启发他一方面，而不能推想其他方面，就不再告诉他了”①，可以发现，程俊英在此强调的主要是思维方面。再回到朱熹的理解，孔子所言的“发”是“达其辞”，即使学生言辞通达流畅，而不是郑玄所言的“发”是指教师“启发引导学生”。这样，我们就可将这句话意译为：“只有在学生很想知道却暂不知道，很想表达却无法表达之时，老师才去启发他；对于启发了他一个方面，却不能推想其他方面的，那么也不要再去启发他。”可见，孔子相机启发的“相机”，既是指求学之心的充分激发，也是指能力水平的相应成熟；既是指知识观念的点拨，也是指语言的表达与思维的通达。

第三节　如何生成“启智润心、因材施教的育人智慧”

对于新时代的教师而言，全面涵养“启智润心、因材施教的育人智慧”，努力成为师德高尚、业务精湛、严爱相济、心怀天下的“大先生”，不仅是以个人力量推进建设教育强国、科技强国、人才强国之需，也是切实落实立德树人这一教育根本任务的必然要求。那么，如何才能将“启智润心、因材施教的育人智慧”内化于心、外化于行呢？

一、树牢学生中心观

“以学生为中心”，即以学生的学习和发展为中心，实现从以“教”为中心向以“学”为中心的转变、从“传授模式”向“学习模式”的转变，从而提高学生的学习质量，使学生在知识、能力和素质上获得全面提升。②

（一）尊重每一个生命的独特价值

对于教育来说，生命是人，是具体的、现实的、有血有肉的活生生的个体，

① 程俊英．中国大教育家［M］．北京：中华书局，1948：7.
② 刘献君．论“以学生为中心”［J］．高等教育研究，2012（8）：1－6.

是一个能动的存在，具有开放性、生成性、自主性、超越性，以及发展的主动性和自组织性。面对这样鲜活的生命，教育的力量是有限的，用塑造生命、变革生命、培养生命，都不如用“尊重生命”准确。儿童是一个个不断生成着、发展着和创造着的生命体，他们总是在告别过去、走向未来，在向他人、向社会、向自然开放的过程中生成新的“自我”，尊重他们，才能促进他们成长。当然，尊重生命并不等于放任自流，而是要认识到生命所蕴藏的巨大潜能，并用教育这种向善向上的活动，将他们处于黑暗状态的潜能照亮，唤起沉睡于儿童生命深处的自我意识、创造力、生命感和价值感。①

尊重生命，意味着尊重每一个生命的独特价值。为此，教师要改变重“育分”轻“育人”的庸俗教育观，走向启智润心、因材施教的教育观。首先需要了解掌握多元智能理论、建构主义、最近发展区等一些基本的教育原理。比如加德纳于 1983 年提出的多元智能理论就认为②，智力是在某种社会和文化环境的价值标准下，个体用以解决自己遇到的真正难题或生产及创造出某种产品所需要的能力，它不是一种能力而是一组能力③，不是以整合的方式存在而是以相互独立的方式存在。基于这一内涵，多元智能理论倡导全面的、多样化的人才观，积极的、平等的学生观，个性化的、因材施教的教学观，等等。基于此，教师至少应该认识到：

第一，每个学生都具有在某一方面或某几方面的发展潜力，只要为他们提供了合适的教育和训练，每个学生的相应智能水平都能得到发展。因此，教育应该为学生创设多种多样的，有利于发现、展现和促进各种智能的情境，为学生的学习提供多样化的选择，使学生扬长避短，激发学生潜在的智能，充分发展学生的个性。

第二，在注重全面发展学生的各种智能的基础上，更加注重学生个性的发展，将“全面发展”与“个性发展”有机地统合起来，教学就是要尽可能创设适应学生优势智力发展的条件，使每个学生都能成才。

第三，由于不同的智力领域都有自己独特的发展过程和所依托的不同符号系

---

① 冯建军．论教育学的生命立场［J］．教育研究，2006（3）：29－34.

② 钟志贤．多元智能理论与教育技术［J］．电化教育研究，2004（3）：7－11.

③ 包括言语语言智能、数理逻辑智能、视觉空间智能、音乐韵律智能、身体运动智能、人际沟通智能、自我认识智能、自然观察智能等 8 种智能。

统，因而不同的教学内容需要运用不同的教学技术，以适应不同的智力特点。

第四，即使是相同的教学内容，针对每个学生的不同智力水平、学习风格和发展方向，教学也应当采用丰富多样的、有广泛选择性的教学技术。

（二）了解每一位学生

乌申斯基曾说过：如果教育学要在一切的关系上培养一个人，它就该首先了解人的一切关系。为了因材施教，教师就需要全面深入地了解学生，要充分了解学生的一般知识水平、接受能力、学习风气、学习态度和每个学生的兴趣、爱好、知识储备、智力水平，以及思想、身体等方面的特点，并对其个别差异与可变因素作出科学的分析。

相较于古代教育，现代教学普遍采用班级授课制与分科教学体系。在学生数量庞大、学科门类多样的背景下，教师全面掌握每位学生的个性特征面临客观挑战。回溯教育史，孔子早已探索出有效的学生观察路径：通过日常谈话、行为观察、课堂提问等方式，系统了解学生的兴趣偏好、能力水平、性格特质、人生志向、学习态度及专长领域，并据此运用启发诱导的教学方法，充分激发学生的学习主动性，实现个性化的人才培养目标。

在当代教学实践中，教师可通过多维度观察构建学生画像：课堂上通过提问互动及回答分析，捕捉学生的思维特点与知识掌握程度；课后通过作业批改与记录，诊断学习问题与进步轨迹；课外通过谈心交流，了解学生的心理状态与成长需求；AI 技术也能为教师提供便利。另外，教师反映、家长反映也是两条很好的途径，主要的方法是当面或线上交流、家长会、家访等，主要的宗旨是加强家校合作育人，加强校内各种力量的共同育人。

对于了解学生整体共性来说，“往届学生追溯法”和“间接经验法”[①] 是可一直沿用的好方法。前者是从分析往届学生的情况和材料来测知本届学生，后者是根据教育学、心理学中关于不同年龄阶段的学生生理、心理特点及认知能力等知识，加深自己对教学对象的了解。当然，现代信息技术方便保存各种过程材料，可用于了解更多视角的基本面。

二、夯实教师专业素养

教师专业素养的内涵十分丰富，也需要日积月累去养成。针对启智润心、因

① 赵明达．了解学生方法初探［J］．中学教师培训，1991（10）：19－20．

材施教的育人智慧，可能教学方法、教学设计、教学评价等较易被关注，所以这里只挑出易被忽视却起着灵魂作用的高站位的价值观，以及足够的知识储备这两个素养重点来进行讨论。

（一）高站位的价值观

师生关系首先是一种教师对学生的指导关系。恰如陶行知所言，“千教万教，教人求真；千学万学，学做真人”，跟教书相比，教师更大的责任是教学生做人；跟知识相比，学生更大的收获是学习人生之道。从终身发展来说，教师对学生的指导，首先是一种价值观的指导。教师只有具有高站位的价值观，才能引导学生理解人生的意义，并愿意为此奋斗终身。

我们认为，高站位的价值观是指超越个人狭隘利益和短期目标，从更宏观、长远、社会整体利益的角度出发，秉持的一系列关于真、善、美以及人生意义、社会价值等方面的观念和准则。它强调个体对社会发展、人类进步的责任与担当，注重培养积极向上，具有社会责任感、使命感和奉献精神的价值取向。

教师可通过多种途径培养高站位的价值观，践行先进的教育理念、真心关注学生成长，就是其中最核心的两条。比如，陶行知作为一名教育家，在大力倡导“生活即教育”“社会即学校”的教育理念的同时，身体力行，为推行平民教育而放弃了城市来到农村创办晓庄学校，与学生一起劳动、一起生活，亲自示范如何将教育与生活实际相结合。苏霍姆林斯基始终将对学生的爱放在教育的核心位置，在担任帕夫雷什中学的校长期间，每天都会花费大量时间与学生相处，了解他们的学习和生活情况。

师范生和普通教师都要通过深读教育原典，深度掌握“有教无类”“因材施教”“生活教育”“儿童中心”“建构学习”等经典教育理论，同时，密切关注教育前沿动态尤其是本学科相关动态，主动探索如何将经典理论与新成果应用于教育教学。学习和践行先进理念的过程，就是一个人不断提升自我境界的过程，有助于形成和树牢高站位的价值观。此外，教师的价值观会自然而然地体现在教育过程中，而教师本人也会在感染学生、影响学生的同时，感染和影响自己。

（二）足够的知识储备

足够的知识储备，是师者立身之本。对于教师而言，欲使人之昭昭，必先己之昭昭，只有具备深厚之学识与广博之见识，才能支撑起传道授业解惑的工作职责。

但凡著名教育家，无不拥有渊博的知识。如孔子，从《论语》的“多识于鸟兽草木之名”“博学于文，约之以礼”，以及“三人行，必有我师焉”，读《周易》“韦编三绝”，读《韶》乐“三月不知肉味”等，可以感受到他的好学与博学。如此，才能以诗书礼乐授予弟子们。比如杨昌济，不仅精研中国经史、性理诸学数十年，还在留学期间专攻哲学、伦理学和心理学，他学贯中西的程度，从《达化斋日记》“为生徒讲教育学史，至培根之倡实验派哲学，与之倡推理派哲学，因言朱晦庵之学近似培根，王阳明之学近似笛卡尔：一则求理于事物，一则求理于吾心”① 所记录的读书记录与心得中可见一斑。

那么，“足够”怎么体现呢？这就要处理好“广博”与“专精”之间的平衡问题。这是一个经典的问题，从民国到现在一直被人们所讨论。有人认为，涉猎广泛而不深入者是假广博，真正的专精也需要多学科来支撑，否则就易陷于狭隘视角之中。确实，“广博”与“专精”并不冲突，二者需相互结合。对于我们一般教师而言，要先掌握好本学科必需的原理、知识框架并能娴熟运用，再去旁涉相关学科。比如，一名语文教师，就应以语言文学、教育学、心理学为“必修”学科，其他人文社科、艺术甚至理工，是“选修”学科。如果真的以教育为终身志业，持之以恒地学习，就能让知识的宝库达到足够丰实的程度。

三、采取适当的教育方法

教育方法是指在教育过程中，教育者为了实现教育目标、传授教育内容，对受教育者所采用的一系列方式和手段的总和。教学方法、评价方法、管理方法等都属于教育方法，这里择取准确引导和合理奖惩这两个点进行讨论，其中，准确引导既是教学方法也是评价方法，合理奖惩属于管理方法。

（一）准确引导的能力

准确引导的能力是指教师要精通本学科专业知识，掌握教育学基本理论、儿童认知发展规律、课程教学设计等教育教学理论与方法，同时，具有足够的耐心与洞察力，能够深入学生内心世界，读懂他们的心灵语言。这样，教师才能对教学中学生的认知发展阶段特征形成精准判断，并精准定位学生的具体学习感受与发展要求，实现个性化引导。

---

① 杨昌济．达化斋日记［M］．长沙：湖南人民出版社，1978：11.

准确引导，是能够高水平运用教育方法的一个核心指标。它或者能激发学生兴趣，或者能帮助理解知识，或者能培养思维能力，或者能促进师生互动，或者同时具备多种作用。准确引导有时只有一句话，如水到渠成的课程思政；有时是一个完整的教学环节，如教授某一个新的知识点；有时是很长一段时间的用心关注，如对一名特殊学生的关心。下面，举其中的第二类，介绍数学课上教师如何引导学生认知“线无粗细”这个数学观念。

案　例

如何让学生认识“线无粗细”

第一步尝试：直接教

教师：大家记着，数学中的线是没有粗细之分的。记住了没有？

学生：记住了。

学生内心：可是我画出来的线明明粗细不同啊！

经验总结与反思：直接教，无异于教师灌输现成的知识和结论，学生并不理解，只能死记硬背。所以，有效的教学不能直接教，而是要让学生主动思考。

第二步尝试：让学生主动思考

教师：过两点可以画几条直线？

学生：两条。

学生内心：如果笔足够细的话，还可以画出更多条。

教师：如果点小到没法再小了，可以画几条？

学生内心：看来老师不喜欢“两条”这个答案。那么，过两点画两条直线肯定是错的。既然老师讲点很小，那应该是暗示我们画一条吧。

学生：一条。

教师：对！

经验总结与反思：学生思考的不是教学内容，而是老师的内心活动。

第三步尝试：让学生思考教学内容

教师：线有粗细吗？

学生：有，线有粗的和细的。

教师：请在桌子上找一条线好吗？

学生：桌子的边线，课本的边线，呵呵，好多的。

教师：哪一条线最短？

学生：数学课本宽的边线最短。

教师：好，请同学们把这条最短的线画在纸上。（学生开始画线）

老师寻找一条画得比较粗的线（甲生）和一条画得比较细的线（乙生），将其投影在屏幕上。

教师：这两条线有不一样吗？

学生：有，有粗，有细，粗细不同。

教师：（指甲生）你画的是哪条线？

学生：（指着数学课本宽的边线）我画的是这条。

教师：（指乙生）你画的是哪条线？

学生：（指着数学课本宽的边线）我画的也是这条。

学生惊诧：画的是同一条线，画出来后线的粗细却不一样！

教师：为什么线是同一条，画出后粗细却不一样呢？

学生：（思考之后回答）他们用的笔是不一样的！他们画的边线，应该没有粗细之分。

教师：很好，现在我们就知道了，线本身是没有粗细的，只有笔才有粗细之分。

结果：学生对“线无粗细”有了深刻的体会。

资料来源：北京师范大学周序老师的讲座。

从结果看，这位授课教师无疑达成了“启智”的效果；从过程看，这位授课教师又根据全体学生这一“材”的情况，进行了基于实际情况的教学方法调整，是通过准确引导来实现因材施教的一个典型案例。在因材施教的过程中，教师敏锐地关注到了学生总体都具有的一个原始经验——线有粗细，然后从他们的经验出发，再逐步改造他们的经验，最终，引导学生获得了抽象的新知识——线无粗细。

（二）合理奖惩的能力

合理奖惩是启智润心、因材施教的必然要求，它为启智润心提供外在动力，是因材施教的辅助手段。斯金纳等人的行为主义理论认为，人的行为是对环境刺激的反应，通过奖励或惩罚可以增减某种行为出现的频率。阿特金森认为，奖励或惩罚是激发或降低成就动机的一种重要的外部因素。而在马斯洛的需求层次理论那里，奖励可以同时满足人的归属与爱的需求、尊重需求、自我实现需求。

奖惩的合理性，除了必须基于客观事实、公平公正之外，主要表现为是否符合教育目标，以及是否适量适度。前两者比较好理解，这里主要讨论符合教育目标和适量适度的问题。讨论这两点，主要是因为当前教育实践中存在一些奖惩偏颇。我们的教育总目标是培养德智体美劳全面发展的学生，只有能够促进这一教育目标的奖惩，才具有教育意义。同时，从学生的长远发展来说，奖惩不是为了对过去的行为进行评判，而是为了面向他们未来的发展，以此促进反思与改进。这里引用杨昌济日记中的一段话：

> 余谓为人师，而令不行于弟子则其学必荒。施教有道，度其力能为之者，而后督之使行；择其过之必不宜犯，与不为而非于情大不便者而后禁之、令止。督则必行，不行则重督之勿措也；禁则必止，不止则重惩之勿措也。夫惟督则必行，禁则必止，故必度而后督，择而后禁；不度不择，杂督而杂禁之，其力不能为，虽重督而不可使行也；于情大不便，虽重惩而不可止也。如是则威穷而令轻，并其易行易禁者而不听之矣。于子于仆于妾于童子无不皆然。①

杨昌济认为，当老师的必然要对学生进行教导。而施教要讲究方法，要估计学生的能力，要区分哪些是绝对不能犯的错，哪些是无伤大雅的问题，分别加以禁止和制止。做了要求之后，就一定要督促，督促了就一定要执行，不执行就加强督促力度，学生如果再犯就要从重惩罚。这个观点不仅适用于古今中外的惩罚，其内在的道理也适用于古今中外的奖励。不要滥施奖励，只能奖励那些值得奖励的事情和行为，从而避免过度激励而产生的心理倦怠；也不要惧怕惩罚，“没有惩罚的教育是不完整的教育”（马卡连柯），“跪着的老师教不出站着的学生”，在《中小学教育惩戒规则（试行）》等文件指导下实施惩罚，是必需的。

总之，教育教学中，教师既要把主要精力放在全班学生身上，又要善于兼顾个别学生，要充满热情地对待每一位学生，也要对特殊的学生给予更多的关怀。

---

① 杨昌济．达化斋日记［M］．长沙：湖南人民出版社，1978：2.

只有因材施教，针对性地加以指导，才能真正拥有育人智慧，真正实现启智润心。

思考与练习

1. 教育中十分强调因材施教，因此在实际教育过程中，应该用不同的态度对待优等生和后进生。请你对这一观点做出判断和分析。

2.《哪吒 2》中哪吒因为太乙真人的因材施教，最终找到了合适的成长路径。根据你的理解，说说因材施教的主要困难并分析克服这些困难的方法。

3. 请谈谈教师该如何利用人工智能技术实现“启智润心、因材施教”。

4. 某九年一贯制学校在践行“启智润心、因材施教”教育理念的过程中，进行了一系列教学改革，具体做法有：开设思维导图、创意写作等启智课程，激发学生的想象力和创造力；实施润心教育，通过心理健康教育、品德教育等活动，关注学生的情感发展和人格塑造；推行因材施教，教师根据学生的学习风格、兴趣和能力，设计个性化的教学计划和评价方法。

请结合上面内容，分析：

(1)“启智润心”教育理念在培养学生全面发展中的作用。

(2) 该校采取“因材施教”的做法。

(3) 该校要更好地践行“启智润心、因材施教”的教育理念，还可以采取哪些措施?

第六章 教育家精神之“勤学笃行、求是创新的躬耕态度”

大家箴言

我是一个竞走运动员，我又是一个跳高运动员。竞走运动员，永远向前走，走得又快又好，竞走运动有它的规则——双脚不能离开大地，一步一步踏踏实实地向前走；跳高运动员面前总有一根横杆，横杆不断抬高，运动员要不断超越自己。[①]

——李吉林

学习目标

1. 理解“勤学笃行、求是创新的躬耕态度”的内涵。

2. 认同教师秉持“勤学笃行、求是创新的躬耕态度”的重要价值。

3. 掌握涵养“勤学笃行、求是创新的躬耕态度”的主要方法路径。

内容导航

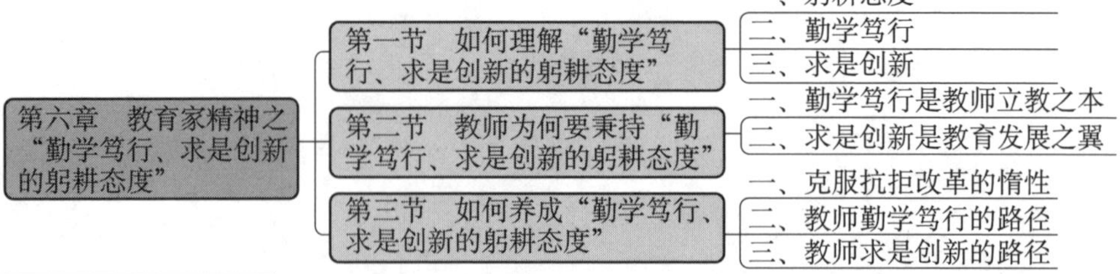

① 成尚荣，吴盈盈，石家丽．新时代教育家精神的薪火相传［J］．未来教育家，2019（11）：7－16.

第一节　如何理解“勤学笃行、求是创新的躬耕态度”

教师是传道、授业、解惑之人，做好传道、授业、解惑工作的一个前提条件，就是要真正懂得应传之道、应授之业、应解之惑，这就需要教师必须具备“勤学笃行、求是创新的躬耕态度”。纵观我国历史上各个时期的教育家，“勤学笃行、求是创新的躬耕态度”也是他们的显著共性。

一、躬耕态度

“躬耕”最早用于农事，后来经过不同时代的语义变迁，至现代教育领域焕发新生，成为诠释教师职业精神的核心要义。它既承载着教育者对育人初心的坚守，也凝聚着教育者对专业精神的执着追求。无论是三尺讲台上的传道授业，还是教育研究中的上下求索，“躬耕”都代表着一种脚踏实地、持之以恒的态度。

（一）“躬耕”的字义溯源及语义演变

“躬耕”一词由“躬”与“耕”二字组成，其本义源于中国古代农耕社会的劳动实践。从字源学来看，“躬”在《说文解字》中被解释为“身”，强调身体力行、亲身实践；而“耕”则指“犁也”，即通过耕作土地以获取粮食。因此，“躬耕”最初的字面含义是亲身参与耕作。

在先秦文献中，“躬耕”多与农业活动直接相关。《诗经·小雅·大田》中提到“俶载南亩，播厥百谷”，描述了周代贵族参与农耕的场景。帝王会举行亲耕籍田的仪式，据《礼记·月令第六》记载：“乃择元辰，天子亲载耒耜，措之于参保介之御间，帅三公、九卿、诸侯、大夫躬耕帝藉。天子三推，三公五推，卿、诸侯九推。”帝王通过亲耕籍田，以表达对农业的重视，劝课农桑。对于普通百姓而言，躬耕则是维持生计的基本方式，百姓们日复一日在田间辛勤劳作，播种、灌溉、收割，依靠躬耕收获粮食，保障生活所需。

随着时代发展，“躬耕”的语义逐渐拓展。汉代以后，“躬耕”逐渐从单纯的农业劳动扩展为一种德性修养。诸葛亮自述“臣本布衣，躬耕于南阳”，不仅表明他出身寒微，更凸显其通过亲身实践积累智慧与德行的过程。这种语义的扩展，使“躬耕”超越了物质生产的范畴，成为一种精神层面的自我锤炼。

同时，“躬耕”也被赋予了更多文化层面的精神内涵。一些文人雅士以“躬耕”表达对田园生活的向往与热爱，追求一种远离尘世喧嚣、淡泊宁静的生活境界。东晋诗人陶渊明以“种豆南山下，草盛豆苗稀。晨兴理荒秽，带月荷锄归”生动描绘了自己躬耕田园的生活场景，展现出他不与世俗同流合污，回归自然、享受田园劳作的闲适心境。此时的“躬耕”，已不仅仅是简单的农业生产行为，更成为一种精神寄托，象征着对质朴生活的追求以及对自由、宁静精神世界的向往。

此后，“躬耕”的语义进一步延伸至社会层面，开始比喻在某一领域默默耕耘、辛勤付出。无论是科研工作者在实验室里长期钻研，反复进行实验，只为攻克技术难题，还是教育工作者坚守讲台，年复一年地传授知识、培育学生，抑或手工艺人专注于传统技艺传承，精心雕琢每一件作品，这些人如同在各自领域“躬耕”的劳动者，他们凭借坚定的信念和不懈的努力，默默奉献，推动着各个领域的发展与进步。至此，“躬耕”从最初单纯的农业生产行为，演变为一种具有广泛象征意义的行为方式和精神理念，蕴含着脚踏实地、持之以恒、默默奉献的丰富内涵。

（二）教育语境下的躬耕态度

在教育领域，随着“躬耕教坛”“躬耕不辍”“精耕细作”等表述的广泛使用，“躬耕”一词已从农耕实践的具象描述转为对教育者职业精神的凝练表达。“躬耕教坛”作为教师专业精神的集中体现，已成为教育界的标志性话语。2023年第39个教师节的主题便是“躬耕教坛，强国有我”①。全国教育类报刊也多以“躬耕教坛”为题报道各级各类教师的典型事迹，彰显教师职业的坚守特质。“躬耕不辍”常用于描述教育研究者的学术坚守，如“躬耕不辍，精业笃行”②，又如“守初心躬耕不辍，育桃李满园芬芳”③，突出中小学教师长期扎根教育实践的治学态度。“精耕细作”则多见于教学研究领域，强调对教育实践的精细化探索。如各教研组织在总结经验时提出“深耕教苑、细作课堂”的工作理念。各级特级

---

① 教育部关于做好庆祝2023年教师节有关工作的通知［EB/OL］.（2023-08-28）. http：//www.moe.gov.cn/srcsite/A10/s7002/202308/t20230828_1076532.html.

② 躬耕不辍·精业笃行［EB/OL］.（2023-09-03）. https：//www.tjnu.edu.cn/info/1088/19606.htm.

③ 守初心躬耕不辍 育桃李满园芬芳［EB/OL］.（2023-07-14）. https：//weibo.com/2384122784/N9P2ep2UI.

教师认真备课的做法被概括为“深耕教材、细研教法”的典范。

这些与“躬耕”相关的表述被运用在教育领域的方方面面，且深得认同。教育者只有投身教育实践中，生活在学生中间，亲自接触学生，才能了解教育状态，产生正确而深刻的教育思考。并且，教育家不仅要有教育实践，还要长期从事教育实践。此外，只有拥有自己的教育理想，并且在实践中确实实现了自己的教育理想的人，才能真正地成为教育家。

二、勤学笃行

“勤”，《说文解字》的解释是“劳也。从力，堇声”，而“堇”的古文字像一个人在火上劳作，所以，“勤”表示用心努力、坚持不懈。“笃”的本义是马行走缓慢，后来引申为稳重、厚重和忠诚、专一。这样，“勤学”就是用心努力、积极不懈地学习，“笃行”就是坚定、专一地行动。

（一）勤学

中国人对勤学的重视体现在历代典籍中。《尚书》提出“功崇惟志，业广惟勤”，将“勤”与“志”并列为成就功业的两大基石。《论语》记载孔子“发愤忘食，乐以忘忧”的为学态度，树立了把“勤”作为学者品格的典范。及至唐代，韩愈在《进学解》中凝练出“业精于勤，荒于嬉”的千古名言，成为后世治学的核心准则。宋明以降，勤学思想进一步系统化，朱熹在《朱子家训》中强调“一粥一饭，当思来处不易；半丝半缕，恒念物力维艰”，将“勤”与惜时、惜力相联结。王阳明借陶渊明之语“勤学如春起之苗，不见其增，日有所长”，以生动比喻阐释勤学的累积效应。

我国古代典籍不仅记载了“勤”的重要性，更通过具体典故将“勤”形象化。西汉匡衡“凿壁偷光”、东晋车胤“囊萤”与孙康“映雪”的故事，突出了即便物质条件匮乏也不能阻碍极致好学的精神追求。《三字经》“如负薪，如挂角，身虽劳，犹苦卓”的朗朗上口，更将勤学传统转化为童蒙教育的核心内容。

诸多中国文化中的勤学实践让我们看到，学习之所以必须是勤奋的，是因为知识的获取、能力的提升并非易事，需要付出持续的努力和汗水。从人类文明发展的历程来看，每一项知识的积累、每一个真理的发现，都离不开勤奋的探索。对个人来说，勤学是提升自我、实现人生价值的重要途径。通过勤奋学习，我们能够不断拓展知识视野，培养思维能力和创新精神，为未来的发展打下坚实的基础。对社会而言，勤学是推动社会进步和发展的动力源泉。

而对于我们教师而言，“虽有嘉肴，弗食，不知其旨也；虽有至道，弗学，不知其善也。是故学然后知不足，教然后知困。知不足，然后能自反也；知困，然后能自强也，故曰：教学相长也。”（《礼记・学记》）越是勤奋学习的教师，越有可能通过包括教学工作本身在内的各种途径获得新知，越有可能成为优秀的知识传承者和创新者，为学生成长、教育发展贡献自己的力量。

（二）笃行

《尚书・说命》记载傅说告诫商王“非知之艰，行之惟艰”，从而提出了我国文化中著名的“知易行难”命题。“笃行”，则是对“行”的进一步要求。“笃”，意为坚定、专一的行动。《中庸》中有“博学之，审问之，慎思之，明辨之，笃行之”，“笃行”强调了在学习和实践过程中，不仅要广泛学习、深入思考，更要坚定地付诸行动。与笃行相关的典故和成语不少，如大禹为了治理洪水，三过家门而不入，凭借坚定的信念和执着的行动，最终成功消除水患；再如，愚公不顾年迈，带领家人坚持不懈挖山，以笃定的精神感动了天地。

知易行难，而笃行则是将知识转化为实践的关键环节。在实践的道路上，会遇到各种困难和挑战，如果缺乏坚定的信念和执着的精神，很容易半途而废。所以，笃行既是一种责任和担当的体现，也能够培养我们面对挫折时不退缩的毅力和面对诱惑时不脱轨的定力，从而为实现个人理想和社会理想全力以赴。

（三）勤学与笃行的辩证关系

勤学与笃行是中华传统文化中一对重要的理念。首先，二者相辅相成。勤学是基础，是获取知识和技能的前提，笃行则是实践，是将所学知识转化为实际能力的过程。正如习近平在中央党校（国家行政学院）中青年干部培训班开班式上所指出的，理论学习要做到“学、思、用贯通，知、信、行统一”①，即不止于学与思，更要见于行；不止于知道，还要信道，更要行道。勤学，为笃行提供了坚实的知识基础；笃行，是检验和深化所学知识的通道。

勤学与笃行具有互补性。勤学使人们能够掌握系统的理论知识，而笃行则使这些理论知识得以验证和完善。在北京大学师生座谈会上，习近平明确要求广大

---

① 习近平在中央党校（国家行政学院）中青年干部培训班开班式上发表重要讲话．新华网，2019-03-01.

青年树立和培育社会主义核心价值观，在勤学、修德、明辨、笃实上下功夫。这表明，理论学习需要通过实践来检验其有效性，而实践也需要理论的指导。

勤学与笃行还能够互相促进。学与行，要在循环往复之中，才能互相促进。通过勤学，可以不断丰富自己的知识储备；通过笃行，可以将理论应用于实践，并在实践中发现问题、总结经验，从而进一步指导学习。这种循环往复的过程有助于个人能力的提升和社会的进步。对于教师而言尤其如此，因为教师是成人，而成人学习通常有四个规律：一是问题解决取向，往往以解决真实情境中的问题为中心；二是实践反思取向，以做中学、研中学、用中学为主要特征；三是经验主义取向，往往基于个人已有知识经验来建构新知识，更愿意接受自己结合现实教育环境实践悟出来的东西；四是实用主义取向，对那些能够满足个人专业发展需求，或工作中立即可用的知识更感兴趣①。

三、求是创新

“求”，《说文解字》的解释是“求，索也。从反丮。”“丮”是握持，反着写，表示向外索取、寻求。“是”由一个日、一横和一个“脚趾”构成，日代表方向，“脚趾”代表人在走路，人朝正确的方向行走，表示正直、正确。“创”由刀和仓构成，用刀这种工具建造仓库，引申为开创。所以，“求是”和“创新”的字面意义，分别是追求正确和开创新态。

（一）求是

“求是”中的“是”，从哲学层面来看，指的是客观事物的内部联系，即规律性。这一概念可追溯至东汉班固《汉书》中的“修学好古，实事求是”，原意是指做学问要依据真实材料，才能得出可靠结论。在马克思主义哲学中，“求是”被赋予了更为深刻的内涵。青年毛泽东曾经在岳麓书院学习时受到过实事求是思想的深刻影响，这种影响在与肖子升的游学经历中，在后来的多次农民运动考察中，得到了深化，最终毛泽东在《改造我们的学习》中对其作出了全新阐释——“实事”就是客观存在着的一切事物，“是”就是客观事物的内部联系，即规律性，“求”就是我们去研究②。实事求是的精神，深刻地影响了中国新民主主义革

① 诺尔斯．成人学习者：成人学习和人力资源发展之权威：第7版［M］．龚自力，等译．北京：北京师范大学出版社，2016：52－59.

② 毛泽东．毛泽东选集：第3卷［M］．2版．北京：人民出版社，1991：801.

命，成为中国共产党领导革命与社会主义建设的基本思想路线。

当今社会，“求是”在诸多方面体现着重要性。首先，“求是”是认识世界的基础。只有通过对客观事物的深入研究和探索，把握其内在规律，才能准确地认识世界，避免陷入主观臆断和盲目行动。其次，“求是”是解决问题的关键。无论是社会发展中的难题，还是个人生活中的困境，都需要以客观事实为依据，探寻问题的本质和根源，进而制定出切实可行的解决方案。最后，“求是”是培养正确价值观和思维方式的重要途径。坚持“求是”，能够帮助人们树立严谨、务实的态度，培养批判性思维和独立思考能力，不被虚假信息和错误观念所误导，在纷繁复杂的社会环境中始终保持清醒的头脑。从历史到当代，中国共产党人始终将“实事求是”作为思想路线的核心，贯穿于革命、建设、改革的各个阶段。无论是毛泽东、邓小平、江泽民、胡锦涛，还是习近平，都从不同角度丰富和发展了这一思想，使其成为党和国家事业发展的根本指导原则。在新时代，坚持实事求是，对于推动中国特色社会主义事业、实现第二个百年奋斗目标具有重要意义。

（二）创新

创新是一种实践活动，它以突破常规思维为导向，利用既有知识和物质条件，创造具有实际价值的新事物、新方法。创新有其存在的必然性，黑格尔在《精神现象学》中将历史视为“绝对精神”自我否定、自我超越的过程，文化、制度、观念的更替本质上是精神扬弃片面性、走向更高真理的体现。创新思维促使个人突破传统观念束缚，以独特视角发现问题、解决问题，从而在工作和生活中创造独特价值。

创新也是提升综合国力的核心驱动力。在科技领域，创新能力决定国家在全球产业链中的地位。掌握高端芯片制造技术的国家在电子信息产业中占据主导地位，获取高额利润，反之，依赖进口则容易受制于人。在文化领域，创新能够增强国家文化软实力，通过创新文化传播形式和内容，讲好中国故事，提升国家文化的国际影响力。在经济领域，创新驱动发展战略是实现经济高质量发展的关键，通过科技创新、制度创新等多维度创新，推动产业升级，培育新的经济增长点，保障国家经济安全与可持续发展。创新是国家在全球化竞争中保持领先地位、实现民族复兴的必由之路。

（三）求是与创新的辩证关系

“求是”强调对客观规律的遵循，“创新”则强调对既有认识的突破与发展，二者相互依存、相互促进，共同构成了人类认识和改造世界的基本方法论。

求是强调尊重规律、实事求是，是创新的前提和基础。只有在遵循客观规律的基础上，创新才能避免盲目性，真正解决问题并产生实际价值。以李吉林老师为例，她秉持“求是”精神，发现传统语文教学存在重知识灌输、轻情感体验，脱离生活实际的问题，难以激发儿童的学习兴趣和创造力。在大量课堂实践观察与教学反思的基础上，李吉林老师准确把握了儿童在语文学习过程中，形象思维占主导、对生动情境敏感等客观规律。在此“求是”的基础上，李老师开始了创新探索，她借鉴我国古代文论“意境说”，经过反复实践，开创了具有中国特色的情境教学法；她通过创设图画再现情境、音乐渲染情境、角色扮演体会情境等多种方式，将语文知识融入生动情境中，让儿童在身临其境的感受中学习语文，极大地提高了教学效果。因此，求是是创新的根基，只有在尊重规律、实事求是的基础上，创新才能有的放矢，真正推动进步。

创新是求是的进一步发展，它强调在遵循规律的基础上，打破常规、探索新方法，以实现更高的目标和更好的效果。比如，李吉林老师的情境教学法在实践中取得显著成效后，引起了教育界广泛关注，促使教育研究者和一线教师重新审视语文教学规律，深化了对儿童认知发展规律与语文教学关系的认识。而随着情境教学法的推广和不断完善，李老师又进一步将其拓展为情境教育理论体系，涵盖了情境课程、情境教学、情境德育等多个方面。这一理论体系的形成，推动了教育领域“求是”研究的深入，为我国基础教育改革提供了新的思路和方向，使人们对教育规律的认识从单一的教学方法层面，上升到更系统、全面的教育理论层面。因此，创新使求是得到升华，它通过突破常规、探索新路径，将求是精神转化为实际成果，推动社会进步。

李吉林

求是与创新是相辅相成、相互促进的关系。求是为创新提供方向和方法，创新为求是注入活力和动力，二者共同推动教育事业的发展。仍然以李吉林老师为例，她在取得情境教育理论与实践成果后，并未止步，而是持续“求是”，分析新的教育形势和学生需求变化，发现随着时代发展，信息技术对教育的影响日益深远。基于此，她又积极探索将现代信息技术融入情境教育，创新教学手段，开发数字化情境教学资源。而这些新的创新成果，又促使她进一步研究信息技术环境下的教育规律，不断丰富和完善情境教育理论。这种“求是—创新—再求是—再创新”的循环，不仅推动了李吉林个人教育思想的发展，更为我国教育改革实践注入了源源不断的动力，体现了“求是”与“创新”的辩证关系在教育领域的重要价值。

第二节　教师为何要秉持“勤学笃行、求是创新的躬耕态度”

教师职业的特点，决定了教师必须秉持躬耕态度。学生的成长是一个长期、渐进的过程，每名学生又在个性、背景、潜力等方面各不相同，就像农民要在不同时段、不同天气、针对不同土壤对作物进行施肥浇水等田间管理一样，教师也要尊重叶圣陶所说的“教育是农业，不是工业”[①] 的事实，用勤学笃行、求是创新的躬耕态度，耐心观察，深入了解学生的特点，发现其成长的共性规律与个性需求，因材施教，方能不断获得丰收。

一、勤学笃行是教师立教之本

我国古代教育思想家对教师勤学笃行有着深刻的见解。孔子在《论语・为政》中提出“学而不思则罔，思而不学则殆”，强调了学习与思考相结合的重要性。这对于教师而言，意味着要不断学习新知识，深入思考教育教学方法，避免陷入盲目教学的困境。荀子《劝学》中有“学不可以已”，明确指出学习是一个永无止境的过程，教师作为知识的传播者，更应以身作则，保持终身学习的态度。近现代，陶行知先生提出“要想学生好学，必须先生好学。惟有学而不厌的

---

① 叶圣陶．叶圣陶散文［M］．北京：人民文学出版社，2018：33.

先生才能教出学而不厌的学生”①，深刻阐述了教师勤学对学生的示范作用。苏霍姆林斯基在《给教师的建议》中也提到“教师要想提高自己的教育素养，就是要读书，读书，再读书”②，强调了阅读和学习在教师专业发展中的重要地位。这些警句，跨越时空，共同揭示了勤学笃行对教师职业的重要意义。

（一）勤学是教师立教的根基

“学高为师”深刻揭示了勤学对教师立教的根基作用。从教师职业的发展轨迹来看，无论是成为教师前的知识积淀，还是立足讲坛后的持续学习，勤学始终是教师站稳讲台的核心要素。在正式走上教师岗位之前，教师需要通过系统的专业学习，积累扎实的学科基础知识。而当教师真正踏入教育岗位后，更要不断丰富自身知识体系，不仅要紧跟本学科的前沿动态，还要涉猎跨学科知识。常言道，“要给学生一杯水，教师应有一桶水”。这就是教师能成为教师的根基所在。

教师作为知识的传播者与学生成长的引路人，勤学是其立教的根基。在当今时代背景下，教师坚持勤学有着深刻且必要的原因。首先，知识迭代速度的急剧加快倒逼教师必须勤学。在智能时代，知识更新速度已较十年前急速提升，教育教学领域中的教育心理学、课程设计、教学方法等核心知识体系不断重塑。近年来项目式学习、混合式教学等新方法，极大地改变了传统教学模式。若教师不及时学习，就会与时代脱节，难以将最新、最有效的知识传递给学生。因此，知识迭代的压力促使教师必须保持勤学的态度。

其次，教师教学的对象——学生的特点和需求的变化，也要求教师必须勤学。教师往往要在岗位上工作 30 年以上，其间会遇到不同时代的学生。而不同时代的学生在认知方式、学习习惯和兴趣爱好等方面存在显著差异。比如智能时代的学生更擅长利用数字技术获取信息，对互动性强、趣味性高的教学方式更感兴趣。同时，互联网的普及使学生能够接触到海量且新颖的知识，他们通过短视频、在线课程等多种渠道获取知识，这无疑对教师的知识储备提出了更高要求。若教师知识储备不足，难以解答学生的疑问、引导学生的探索，就无法满足学生日益增长的学习需求。因此，为适应学生的变化，教师必须持续学习。

综上，无论是知识迭代的压力，还是学生需求的变化，都要求教师将勤学作

---

① 陶行知．陶行知文集［M］．太原：山西教育出版社，2021：264.
② 苏霍姆林斯基．给教师的建议［M］．杜殿坤，编译．北京：教育科学出版社，2000：416.

为终身坚持的习惯。只有这样，教师才能在教育教学中站稳脚跟，真正成为学生成长路上的优秀引路人。

（二）笃行是教师立教的关键

勤学为教师立教奠定根基，而笃行则是教师立教的关键所在。美国教育学家舒尔曼提出，教师专业知识包含学科内容知识、一般教学法知识等多种类型①，而实践性知识是教师在具体教学情境中，通过实践反思形成的独特知识体系，直接影响教学效果②。相较于理论知识，实践性知识更具情境性、个体性和动态性，是教师将教育理念转化为教学行为的桥梁，也是教师专业能力的重要标识。

对于想要站稳讲坛并成为优秀教师的人而言，笃行是关键所在。李庾南就是这样一位从一名普通教师成长为江苏省中学数学特级教师、全国教书育人楷模的教师③。

案　例

李庾南的成长

从 1957 年 8 月站上启秀中学的讲台，李庾南一直在同一所学校教同一门课程。她是真正从课堂里走出的“大先生”。有人问李庾南，作为一名普通教师是怎样成长起来的？她的回答是：“我一直认为，任何教学研究，实践总是第一位的，这也是我一直没有离开讲台的根本原因。”

1978 年，是李庾南从教的第 21 个年头。当时，她教的学生成绩好，带的班又是优秀集体，但是，在反思课堂教学时，李庾南发现，受“老师多讲，学生多得”的“满堂灌”观念的束缚，自己与大多数教师一样，重视“讲”而忽视“学”，教学资源也非常单调，只有教科书。这种片面追求教师讲的功效、只追求好成绩的教学观，存在明显的偏狭与不足。结合教学中产生的困惑，李庾南发现了问题所在——学生不是仅靠教师教会的，而要靠自己学会。

---

① SHULMAN L S. Knowledge and teaching：foundations of the new reform［J］. Harvard Educational Review，1987，57（1）：1-22.

② 吴黛舒．教育实践与教师发展［M］．福州：福建教育出版社，2014：52-60.

③ 勤学笃行 求是创新［EB/OL］．（2023-09-25）．http：//www.moe.gov.cn/jyb_xwfb/xw_zt/moe_357/2023/2023_zt14/mtbd/202309/t20230925_1082519.html.

“刚开始教学时，我总认为自己比学生高明，因为是我给予学生知识，但后来我发现也有学生给予我的。大部分时候是我比学生懂得多，但一个班的学生智慧汇集起来肯定会超过我。”李庾南说。于是，李庾南提出了“自学”。课堂不是封闭的，不是教师一讲到底，要让学生能够提问交流，互相借鉴成功经验，帮助彼此克服困难，这就是“议论”。历经“学生数学自学能力及其培养”“优化学习过程、改善教学结构”“自学·议论·引导”“学力的形成与发展”等8个阶段的探索实践后，李庾南实现了由单纯研究教师“教”到研究学生“学”的转变。

李庾南总结说：“在实践中我逐步认识到，课堂教学应该是学生在教师引导下积极学习，不仅要学会知识、技能，而且能清醒地懂得自己是怎样学会的，习得经验、方法、情感；在面对新知识时自己能独立学且学会，遇到新问题时自己能分析，并能联想已有知识、技能、方法和经验解决问题，即达到‘会学’。”

资料来源：褚清源．勤学笃行 求实创新［EB/OL］.（2023-09-23）. http://paper.jyb.cn/zgjyb/html/2023-09/23/content_629319.htm? div=-1.

实践性知识是教师专业能力的核心，而笃行则是将知识转化为教学效能的关键。只有秉持笃行精神，教师才能在教育实践中不断积累经验、提升能力，真正成为学生成长的引路人，实现从合格教师到优秀教师的跨越。

二、求是创新是教育发展之翼

教育事业要不断向前发展，必然离不开求是创新。教育的发展，落脚于教育理论和教师队伍的一步步发展，归根结底体现于学生的发展和国家民族的发展。因为教育理论是教育事业的引领力量，教师队伍是教育事业的核心力量，所以这里重点讨论教师求是创新对这两个方面的意义。

（一）推动教育理论的发展

在教育事业不断革新的进程中，“求是创新”成为推动教师发展的核心动力，而“求是”作为这一动力的根基，是教师实现专业成长的前提条件。教师若想获得持续发展，需深度探究教育教学客观规律，既要溯源经典教育理论，汲取历史沉淀的智慧精华，又要洞察现代教育趋势，紧跟时代发展的步伐。这二者的有机结合，是教师迈向专业发展的必经之路。

陶行知先生作为我国教育创新的先驱之一，他在老师杜威的相关理论基础上，结合自己的教育思考与实践，打破了传统教育脱离生活的桎梏，提出“生活即教育”“社会即学校”“教学做合一”的新理念。这些理念中的崭新内涵，到今天仍然有极强的借鉴意义，比如他所解释的“教学做合一”中的“做”：

> “做”字在晓庄有个特别定义。这定义便是：在劳力上劳心。单纯的劳力，只是蛮干，不能算做；单纯的劳心，只是空想也不能算做；真正的做是在劳力上劳心。我们做一件事便要想如何可以把这件事做好，如何运用书本，如何运用别人的经验，如何改造用得着的一切工具，使这件事做得最好。我们还要想到这事和别事的关系，想到这事和别事的相互影响。我们要从具体想到原理，从我相想到共相，从片段想到系统。这都是在劳力上劳心的工夫。不如此，便不是在劳力上劳心，便不是有意义的做。①

再以于漪老师为例，她也是在教育创新中实现了自我突破，完成了教育使命。于漪老师不断钻研教学、反思经验，在课堂教学中创新采用情境教学法、情感教学法等，将语文教学与学生的情感体验、价值塑造相结合，打破了传统语文教学重知识传授、轻人文素养培养的局限，提出了“教文育人”语文教育观。她的教学经验在全国范围内推广，影响了众多语文教师，推动了语文教育教学质量的提升，为我国基础教育事业发展作出重要贡献。

（二）推动教师自身的发展

前面我们所举的例子，都重在讲求是创新对于教育事业发展的意义，而换一个角度，我们之所以举这些例子而不举其他例子，恰是因为这些事例中的人物在成人成事的过程中，已经做到了成己，如李吉林、于漪等，无一不是从普通教师成长为教育大家，完成了自我的不断发展更新。

这里要特别提到掌握经典理论与洞察趋势对于教师求是创新的重要性。经典理论，比如孔子的“因材施教”理论、孟子的“性善论”、陶行知的“生活教育”理论、蔡元培的“五育并举”教育思想，以及杜威的实用主义教育理论、皮亚杰的认知发展理论、斯金纳的操作性条件作用理论、布鲁纳的认知结构学习理论

① 华中师范学院教育科学研究所．陶行知全集：第5卷［M]．长沙：湖南教育出版社，1985：204.

等，都历经时间检验，是教育教学规律的凝练表达。教师唯有溯源经典，才能从根源上把握教育的真谛，避免教学实践的盲目性。

同样，洞察现代教育趋势也是教师发展不可或缺的前提。当前，人工智能、大数据等技术正深刻改变教育生态，“智慧教育”“混合式教学”等新模式不断涌现。在“双减”政策背景下，教育评价体系向多元化转变，教师需及时了解并掌握过程性评价、表现性评价等新方法，才能更好地对学生进行全面评估。同时，随着教育国际化的推进，跨文化教育能力也成为教师的必备素养。只有敏锐捕捉现代教育趋势，教师才能在教学实践中及时调整策略，提升教育教学的前瞻性和适应性。

当然，无论是溯源经典教育理论，还是洞察现代教育趋势，其本质都是教师对教育教学客观规律的探索与追求。在实际教学中，教师应通过对经典理论的学习，理解教育的基本原理和价值导向，再结合现代教育趋势，将先进理念和技术融入教学，从而形成科学、高效的教学模式，促进自身的专业发展。

第三节　如何养成“勤学笃行、求是创新的躬耕态度”

勤学笃行、求是创新的躬耕态度，是新时代教师专业成长的核心动力。克服抗拒改革的惰性，构建扎实的知识体系，在实践中锤炼教学能力，努力与理论对话，争取立言立说，是教师养成“勤学笃行、求是创新的躬耕态度”的重要路径。

一、克服抗拒改革的惰性

教师的惰性是实现自我发展、推动教育改革的最大阻力。教师的惰性大致体现在日常教学、教育观念、教研科研、自我学习和培训交流上[①]。从教师日常工作中深挖教育教学的阻碍因素，可以帮助我们更好地解决问题。

安于现状的保守惰性阻碍了勤学之路。这主要表现在满足于现有的知识储备和教学经验，认为“船到桥头自然直”，缺乏主动学习新知识、新技能的动力。

① 邵光华，魏侨，张妍．教育变革视域下教师惰性现状调查研究［J］．教师教育研究，2020，32（5）：76－82.

在学科知识更新换代迅速的当下，这种惰性使得教师对学科前沿动态视而不见，例如语文学科的大单元教学、数学学科的跨学科教学、物理学科的量子物理与中学教学结合等，都因保守心态而被选择性忽视。在教育技术快速发展的背景下，安于现状的教师习惯了传统的“粉笔＋黑板”教学模式，不愿花费时间和精力去学习使用在线教学平台、AI 辅助教学，不去尝试就给这些新技术扣上“花架子”的帽子，以掩饰自身对于数字化教学技能学习的抗拒之心。

畏难退缩的逃避惰性阻碍了笃行之路。面对复杂的教学任务和层出不穷的教育问题，一些教师选择逃避而非积极应对。比如，在设计创新型教学活动时，由于担心过程复杂难以把控、耗费精力过多，便放弃尝试，继续沿用传统的教学方法。当教学效果不理想，需要深入反思和改进时，逃避惰性使教师不愿正视自身问题，不愿从自身教学方法、教学设计上找原因，而归咎于学生基础差、教学资源不足等外部因素。处理学生之间的矛盾冲突、开展家校沟通等工作时，同样存在畏难情绪，能躲则躲，导致教育问题不断积累，无法通过实践提升教育教学能力，难以践行躬耕精神。

敷衍了事的懈怠惰性阻碍了求是之路。对于教学工作的反思改进，以敷衍的态度对待，只是走过场式地写几句总结，而没有真正深入剖析问题。教育评价环节，不愿投入精力建立科学合理的评价体系，而是简单地以考试成绩作为评价学生的唯一标准，忽视学生的学习过程、品德表现和实践能力等方面。参与教学研究时，缺乏严谨的科学态度，问卷调查或访谈随意选取样本、设计问题，不认真收集和分析数据，导致研究结果缺乏可信度和参考价值。

因循守旧的思维惰性阻碍了创新之路。许多教师受传统教育观念和模式的束缚，形成了固定的思维定势。教学方法上，一味地采用讲授式教学，认为“老师讲、学生听”才是正统的教学方式，对项目式学习、情境教学等新方法持怀疑甚至排斥态度，觉得这些方法“不务正业”，会影响教学进度和成绩。教学内容方面，墨守成规，不愿意根据时代发展和学生需求对教学内容进行优化和拓展。同样，这种思维惰性让教师在教育管理、班级建设、家校合作等方面也难以有创新之举，无法为教育事业注入新的活力，严重阻碍了教育的发展和学生创新能力的培养。

二、教师勤学笃行的路径

勤学笃行是一个持续的过程，中小学教师和师范生要将学习与实践紧密结合，在学习中积累知识，在实践中检验和运用知识，不断提升自己的教育教学能力，为教育事业的发展贡献自己的力量。

（一）构建扎实的知识体系

第五章曾经讨论过教师如何让自己具备足够的知识储备，这里再补充说明几条路径：

第一，研读教育经典，汲取理论养分。教育领域的经典著作蕴含着深厚的教育思想与智慧。中小学教师和师范生应定期阅读《给教师的建议》《民主主义与教育》等经典书籍，通过做读书笔记、撰写读后感的方式，深入理解书中的教育理念，并思考如何将其运用到实际教学中。同时，关注教育领域的前沿期刊，如《人民教育》《中国教育报》《教育研究》《课程·教材·教法》，及时了解最新的教育政策、教学方法和研究成果，更新自己的知识储备。

第二，参与专业培训，拓宽视野。积极参加校内外组织的各类专业培训，无论是线上的网络课程，还是线下的专家讲座、工作坊，都能为教师和师范生提供与同行交流、向专家学习的机会。在培训过程中，要带着问题学习，主动与授课教师和其他学员互动，将培训所学转化为自己的知识和技能。此外，还可以利用假期参加教育机构组织的专题培训，深入学习某一学科或领域的专业知识。

第三，培养终身学习意识，开展自主学习。利用碎片化时间，通过学习平台如中国大学 MOOC、网易云课堂等，学习教育心理学、课程设计等相关课程。制订个人学习计划，明确学习目标和时间安排，养成每天学习的习惯。同时，建立自己的学习资源库，收集整理优质的教学案例、课件、试题等资料，方便随时查阅和学习。

（二）在实践中锤炼教学能力

实践出真知。对于偏向实践岗位者来说，实践永远是出真知的必要条件。教师在实践中锤炼教学能力的途径可大致归纳为三条：

第一，观摩优秀教学案例，学习教学技巧。观看名师的教学视频，分析他们的教学设计、课堂组织、师生互动等环节，学习其教学方法和技巧。参与学校组织的听课评课活动，认真记录其他教师的教学亮点和不足之处，在课后与授课教师交流探讨，提出自己的见解和建议。通过观摩和反思，不断改进自己的教学方法。

第二，开展教学实践，积累经验。积极争取教学实践机会，无论是实习授课还是正式教学，都要认真对待每一堂课。在备课过程中，深入研究教材和学情，精心设计教学方案。课堂上，注重与学生的互动，关注学生的学习状态和反馈，及时调整教学策略。课后，认真进行教学反思，总结教学中的成功经验和不足之处，制定改进措施，为下一次教学做好准备。

第三，参与教育科研，提升专业素养。结合教学实践中的问题，开展教育科研活动。比如，针对学生学习兴趣不高的问题，进行教学方法的研究和改进。针对班级管理中的难题，探索有效的管理策略。通过查阅文献、问卷调查、实验研究等方法，深入分析问题，提出解决方案，并将研究成果应用到教学实践中。参与教育科研不仅能提升教师和师范生的专业素养，还能促进教学质量的提高。

案 例

苦练“内功”渐入佳境

——人大附中副校长周建华成长案例

周建华是从苦练教学基本功开始的。如果说教室课堂是周建华老师自我提高最重要的练功房，那么三尺讲台则是他最好的练功台，学生是促进他自我提高的好助手。周建华天天坚持在讲台上进行“五练”：练心——提高自己的思想素质，练情——培养热爱每一个学生的感情，练言——锤炼准确而生动的教学语言，练手——练得一手好字、一笔好文章，练艺——提高课堂教学艺术，完成了一个优秀教师的嬗变。

周建华为使工作和学习的时间取得“极大值”，他常常节玩嬉、少嗜好，一年三百六十五日，春夏秋冬常如一；他坚持“学足三余”：寒暑假是学期之余，节假日是周月之余，深夜是一日之余。

这样一组数据可以说明当时的一些问题：

5 秒钟——周建华在五秒钟内就可以在黑板上用三角板画出一个规范的正方体图形，而且一画就成形，不再用黑板擦修补。

16 种数学期刊——尽管在农村中学工作时手头很拮据，但周建华每年都订阅 16 种中学数学期刊，花去近一个月的工资，每年可以从中读到 3 000 多篇专业论文，还养成了阅读浏览各科期刊的习惯，及时了解各科的教改动态和教改成果。

18 本备课笔记——从教以来，周建华基本不重复使用教案，针对不同的班级，设计不同的教案。每新教一次，必认真地重新设计教案，并在课后认真地反思，只要有一得之见，就在备课本的反面写下教学后记。仅 1997—1998 学年度，周建华就写了满满 18 本备课笔记，学生们争相借阅他的备课笔记。

50 余本教育名著——从孔子到朱熹，从陶行知到叶圣陶，从卢梭的《爱弥儿》到波利亚的《怎样解题》，从杜威的“问题教学法”到布卢姆的“发现法”，从朱永新的《我的教育理想》到《新教育之梦》，从魏书生的语文教改到顾泠沅的数学教改，周建华兼收并蓄，广泛涉猎，一本一本名著反复研读，极大丰富了理论素养。

10 000 道题——为了培养学生的解题能力，使学生不至于也不能陷入题海，周建华自己先在题海中尽情遨游、勤中悟巧，在刚开始工作的几年中，保留着每天一套综合卷的“胃口”。每年做题超过 10 000 道。

连续 4 次第一——1992 年，江苏省开始了层层的优质课评选活动，在学校的评选中周建华得了第一；参加片级评选，周建华又得了第一；代表教学片参加县级评选，周建华还是第一；代表县参加大市级评选，面对的全部是省重点高中的选手，周建华仍然是第一；代表市参加省级评选，这次面对的是老牌省重点高中的选手，在 12 名选手中周建华依然名列前茅。

第一轮的三年下来，1988 年的高考，周建华任教的文科班中有 3 人的数学成绩是满分，也是当时全县的 3 个满分，均分列全县第一，理科成绩为全县同类学校第一。这无疑创造了一个奇迹，引起了很大的震撼，当年全县的高三教学研讨会破例来到了这所农村中学召开。

就这样，周建华一干就是 8 年，成长为县里最年轻的完中副校长之一。

…………

资料来源：精湛令人叹服 高度让人敬仰：专访数学特级教师、人大附中副校长周建华［EB/OL］.（2013－09－04）. https：//www. rdfz. cn/xxgk/xzzl/xzlt/201109/t20110901_22947. html.

三、教师求是创新的路径

教师躬耕教坛的过程中，求是创新的路径主要是研究。但这研究是基于解决教育教学问题的研究，而解决教育教学问题范畴的大小，则要由教师本人的人生理想、视野宽窄、水平高低等来决定。当然，所有这些中，第一重要的就是人生理想，如果把不断解决、深入解决教育教学的难题作为奋斗目标，孜孜以求，视野自然就会开阔，水平自然就会提升。

（一）努力对话理论

有了理想之后，教师求是创新的路径方向，根据我们所了解的例子，大体就是将理论与实践相结合。而教师们本来就在教育教学实践之中，所以大家普遍比较缺乏的就是理论。理论这个词听起来高深莫测，其实就是对实践中的现象的不断提炼，一层一层地提炼，但提炼本身就需要别的理论来启发。所以，归根结底，有理想的教师真要产生出创新的成果，还是得在求是之路上，结合想彻底弄明白和解决的问题，旁涉相关理论。其中道理并不复杂，下面介绍李吉林老师“情境教育理论”的形成过程。

案　例

对话学者

——李吉林“情境教育理论”的形成过程

根据王灿明的研究，李吉林的情境教育理论经历了三个阶段，作为一名躬耕小学一线的老师，却能产出如此有影响的理论成果，除了与李吉林长期扎根教育实践、广泛开展阅读学习、不懈探寻真理的精神以及教育行政部门与学校的培养之外，还有一个罕为人知的重要路径——对话学者。

1. 对话蒋兆一：移植外语情景教学

1978 年秋，李吉林针对当时小学语文教学“单调、呆板、低效”的弊端，开始进行第一轮小学语文教学改革实验，但此时的她还没有发现“情境”。1979 年 4 月初，李吉林在南通市先进集体、先进生产（工作）者代表大会上遇见了南通市第一中学外语教师蒋兆一，二者交流后，蒋兆一建议她在汉语教学中试用外语的情景教学法。李吉林回去后马上开始找到相关文章进行阅读，并在教学中进行试用，从此走上了通过创设情景进行小学语文教学的探索之路，并以此为基础，结合中国古代文论“意境说”，经过多年探索，将“情景”转化为“情境”，开创性地提出了情境教学的主张。

2. 对话上海师范学院女教授：促进儿童智力发展

李吉林进行教育理论探索的首选问题是小学语文教学与儿童智力发展的关系。但她最初并不知晓“智力发展”这一概念，使用的还是“聪明”之类的日常用语，她只是觉得“一个小学语文教师是可以把孩子教聪明的：把不那么聪明的孩子教得比较聪明，把聪明的孩子教得更聪明”。这正是一种典型的“科研素人”思维，虽然没有使用理论术语，却体现出良好的理论思维特征。1980 年 3 月，南通市教育局举办“关于语文教学发展学生智力问题”教研活动，邀请上海师范学院柴崇茵、恽昭世和谢淑贞及华东师范大学李伯棠等专家前来指导。专家们充分肯定了李吉林的探索，指出情境教学法有利于培养学生的注意力、记忆力、观察力、思维力和想象力。柴崇茵更进一步向她指出，“教学要有意识地走在儿童思维发展的前面”。这些意见对李吉林情境教育理论的形成产生了极为重要的影响，促进了情境教学的理论升华。她自己也认为，这次活动最大的收获就是开始接触到学术界。

3. 对话许明：关注儿童美感教育

20 世纪 70 年代末 80 年代初，李吉林已经敏锐地发现情境具有美感的特点，也开始思考在小学语文阅读教学中培养学生审美能力的问题。其时，中国美学研究刚刚兴起，在小学教育中培养审美能力还是一个全新课题，关于美学的论文和著作还相当少见，李吉林便走访南通师专中文系专家，积极寻求美学指导与支持。1980 年暑期，主攻美学方向的中国社会科学院文学硕士研究生许明在南通为中学语文教师和职工做专题讲座，内容与语文教学和美学相关。求学心切的李吉林不仅认真听完了两场讲座，而且登门向许明请教，从此领略到了美学的丰富思想和哲学含义，发现了小学语文情境教学发展的新天地。在许明的启发下，她开始借阅《美学》杂志和相关书籍，积累了大量的美学知识，对于通过语文阅读教学促进审美能力培养问题的探索变得清晰了起来，研究思路也打开了许多。这年冬天，李吉林开始研究运用情境教学培养审美能力的问题，概括出“带入情境，感知美的表象；分析情境，理解美的实质；再现情境，表达美的感受；驾驭情境，诱发审美动因”等四大要点，从此开拓了情感教育中美的研究领域，并将美作为情境教育理论体系的一个重要支撑。

4. 对话杜殿坤：着眼儿童的整体发展

与上海师范学院三位女教授的对话，促进了李吉林对儿童智力发展问题的研究。而与华东师范大学杜殿坤教授的对话，则帮助李吉林将研究从智力发展转向儿童的一般发展，并由此走向构建理论体系的殿堂。1980 年 5 月，在中国教育工会教育实验小组举办的学术会议上，李吉林与杜殿坤展开了对话。杜殿坤鼓励李吉林要面向学生的一般发展，“形成自己的小学语文教学体系”。李吉林开始认识到，发展智力只是关注了儿童的“特殊发展”，教育教学还应该关注儿童的“一般发展”，“把‘特殊发展’和‘一般发展’有机地融合起来”，从而产生了“儿童的发展是整体的”的顿悟，树立起情境教学促进儿童全面发展的理念。1982 年，李吉林就提出了情境教学促进儿童发展的五大要素，即兴趣、观察、思维、情感和语言。至此，情境教学就从平面的结构转向了立体的结构，她所探究的儿童发展也从智力发展转向了一般发展，即儿童素质的全面发展。

5. 对话刘佛年：从情境教学走向情境教育

杜殿坤先生还将李吉林引荐给时任华东师范大学校长的刘佛年先生。刘校长很赞赏李老师的情境教学实验，引导李老师进行教育教学的整体改革，促进了情境教学实验向情境教育整体改革的发展。当时，教育部希望刘校长从基础教育界挑选好苗子，作为研究生亲自培养，将来成长为中国自己的教育家。刘校长选中了李老师和当时在上海青浦从事数学教学改革的顾泠沅老师，一个来自小学，一个来自中学，代表了语文和数学两个基础性学科。刘校长提出，李老师可以先读他的硕士，再接着读博士。但研究生司规定，攻读研究生年龄必须在 50 岁以下，而且要大学本科毕业。最终李老师未能如愿成为刘校长的弟子，但是刘校长还是想方设法为李老师创设学习条件，特聘李老师为华东师范大学的研究员，让她充分享受华东师范大学的图书资料和学术信息。

资料来源：王灿明．情境教育研究的“中国图景”[M]．北京：中国社会科学出版社，2022.

从李吉林老师对话学者的过程中，可以看到，李老师能得到这些“高人”的指点，首先是自己有强烈的问题意识，其次是不管在哪个层面都一直不放弃学习者身份，所以，才能够抓住一切机会，有疑而问，勇敢去问，问出效果，改出成效。

（二）争取立言立说

“立言”历来是我国知识分子追求的价值目标之一。这一追求源自《左传·襄公二十四年》的“太上有立德，其次有立功，其次有立言，虽久不废，此之谓不朽”，“立言”是“三不朽”之一。“立言”的核心在于通过言论、著作留存思想智慧，使其超越时空限制，成为后世的精神遗产，达到继学往圣、后启来者的效果。如孔子编订六经、著《春秋》，以微言大义承载伦理纲常；司马迁撰《史记》，“究天人之际，通古今之变”，以史为鉴为后人立范。立言者需以文字为舟楫，载道而行，使思想在历史长河中生生不息，是教育家型教师求是创新的重要物化成果。

“立言”并非单纯著书立说，而是以言论承载对“道”的追求，发挥教化功能。儒家强调“文以载道”，要求立言者须以道德为根基，通过言辞传递价值理想，规范人伦秩序，导引社会风气；以文字为媒介，传承中华文明，将个人智慧升华为人类共同的精神财富。正如《文心雕龙》所言：“言之无文，行而不远”，唯有立言者以德为基、以道为魂、以行为本，方能使其思想跨越时空，永驻人心。杨开智回忆父亲杨昌济时说：“我父初到北京，杨度、章士钊等怂恿其活动出任教育总长，我父坚决不答应，说：‘我决不做官，我要教教书，著书立说。在北大教课，可常与蔡元培、李大钊、周树人等学者交谈，岂不更好！’又曾对家人表态说：‘我国正处于内则危亡腐化，外则受帝国主义侵略的时候，我不入地狱，谁入地狱?！因此我坚决不做官，要实现我的理想！’”①

当代教师“立言”，也需要像杨昌济先生那样，基于对社会问题的关切，围绕自身教育教学领域的核心问题，怀抱教育理想又关注教育现实，努力立足实践以回应时代之问，努力在传统中开掘新意，在继承中突破发展，在创新中实现超越。

思考与练习

1. 在教育语境下，“躬耕态度”被赋予了新的含义。请联系实际，谈谈教师应如何将“勤学笃行、求是创新的躬耕态度”融入日常的教学与研究工作中。

2. 结合本章相关案例，分析“求是”如何为“创新”提供基础，“创新”又怎样推动教育领域的“求是”研究？

3. 有人认为“教师只要掌握基本的教学技能和学科知识就能胜任教育工作，无须持续学习和创新”。请结合“勤学笃行、求是创新的躬耕态度”的内涵，辨

---

① 全国政协文史资料委员会．中华文史资料文库：第 17 卷：文化教育编［M］．北京：中国文史出版社，1996：241.

析这一观点。

4. 某中学物理教师张老师从事教学工作10年，习惯采用“讲授＋习题”的传统模式教学，认为“讲透知识点就能提高成绩”。当前学校推行“智慧课堂”改革，要求教师使用数字化工具教学，但张老师抵触改变，认为“技术华而不实，耽误教学进度”。在一堂公开课上，他的传统课堂因学生参与度低被教研组批评。结合材料，分析如下问题：

（1）张老师的问题反映了哪几种“教师惰性”？

（2）运用“勤学笃行的实践路径”，为张老师提出改进建议。

（3）从“求是创新”角度，说明数字化教学对物理学科的意义。

5. 如果你是一名中小学教师，你发现班级学生的学习成绩差异较大，部分学生在某些学科上表现优异，而在另一些学科上却表现不佳。结合“求是创新”的理念，你认为哪些因素可能影响学生的学习表现？你将采取哪些措施来帮助学生克服学习困难，实现全面发展？

第七章 教育家精神之“乐教爱生、甘于奉献的仁爱之心”

大家箴言

没有爱就没有教育。

——霍懋征

学习目标

1. 理解“仁爱之心”和“乐教爱生、甘于奉献的仁爱之心”的内涵。
2. 认同教师应当具有“乐教爱生、甘于奉献的仁爱之心”的精神。
3. 掌握培养“乐教爱生、甘于奉献的仁爱之心”的主要方法路径。

内容导航

- 第七章　教育家精神之“乐教爱生、甘于奉献的仁爱之心”
  - 第一节　“乐教爱生、甘于奉献的仁爱之心”的形成之源
    - 一、中华传统文化的深厚滋养
    - 二、马克思主义理论的科学指引
    - 三、党的教育事业发展的实践凝炼
  - 第二节　“乐教爱生、甘于奉献的仁爱之心”的内涵意蕴
    - 一、乐教是仁爱之心的精神底色
    - 二、爱生是仁爱之心的核心要义
    - 三、甘于奉献是仁爱之心的实践品格
  - 第三节　“乐教爱生、甘于奉献的仁爱之心”的践行路径
    - 一、爱己
    - 二、爱人
    - 三、爱物
    - 四、爱国

第一节 “乐教爱生、甘于奉献的仁爱之心”的形成之源

教育者的仁爱之心赓续中华文脉，在儒道墨法的思想激荡中淬炼成形。孔子以“仁者爱人”奠基师道，朱熹以“格物致知”深化育人，王阳明以“知行合一”唤醒生命，传统仁爱精神始终以“人的成全”为内核。马克思主义的真理力量为其注入科学内核：人的全面发展观让师者之爱超越个体关怀，指向社会解放；实践观将“诲人不倦”升华为服务人民的行动自觉。当“有教无类”遇见教育公平，当“致良知”融入立德树人，传统仁爱便在守正创新中焕发新生，为新时代铸魂育人立起精神坐标。

一、中华传统文化的深厚滋养

“仁爱”思想发展史，本质是中华教育精神的成长史。从孔子杏坛的弦歌不绝，到朱熹书院的学规森严，再到颜元漳南的六斋并立，教师的仁爱之心始终如暗夜明灯——既要以“诲人不倦”的坚持守护文明火种，更需以“时雨化之”的智慧润泽人性本源。这种精神穿越时空，在今日依然启示我们：真正的教育之仁，在于以生命唤醒生命，用心灵点燃心灵，在知识传承中延续人性的温度。

（一）先秦时期：“仁”的奠基与师道初成

在中华文明的轴心时代，“仁”完成了从原始伦理到哲学范畴的跃升。孔子以“仁者爱人”为核心，将商周时期基于血缘的“亲亲之爱”升华为普遍的人道关怀。他强调“克己复礼为仁”[①]，通过礼的规范实现人际和谐，而教育正是这一过程的桥梁。他视弟子如子路、颜渊为“共学之友”，在《论语》中以“循循善诱”的教学方式，将仁爱转化为因材施教的智慧。孟子提出“恻隐之心，仁之端也”[②]，将人性本善作为仁爱的内在依据。他在稷下学宫讲学时，以“得天下英才而教育之”为人生乐事，主张教育应如“时雨化之”，强调教师要以仁爱唤醒学

① 杨伯峻．论语译注［M］．北京：中华书局，2009：5－6.
② 孟子．孟子［M］．杨伯峻译注本．北京：中华书局，2010：25.

生的良知。

与儒家思想并行发展的道家思想，也为仁爱之心在教育中的体现提供了独特的视角。老子认为，教育应该遵循自然规律，注重学生的内心体验和感悟。他主张教育者应该保持谦逊和包容的心态，以平等和尊重的态度对待每一个学生。这种“无为而治”的教育理念，实际上是对教育者仁爱之心的另一种诠释。

墨家学派则更加注重实践，提出了“兼爱非攻”的思想。墨子认为，教育者应该具备宽广的胸怀和无私的精神，关爱每一个学生，不偏袒、不歧视。他强调教育者应该以身作则，用自己的行动去践行仁爱之心，为学生树立榜样。

（二）汉唐时期：“仁”的制度化与师道传承

1. 秦汉时期的教育实践

在秦汉时期，随着中央集权制度的建立，教育也逐渐走向制度化、规范化。在这个时期，许多儒家学者和教育家继续传承和发展了仁爱之心的教育理念。他们强调教育者应该具备高尚的品德和仁爱之心，关注学生的全面发展。同时，他们还注重培养学生的创新精神和实践能力，鼓励学生在实践中学习和成长。董仲舒“独尊儒术”使“仁”上升为国家意识形态，提出“以仁安人，以义正我”[①]的治理原则。太学博士的设立将教师纳入官僚体系，但真正延续仁爱师道的是民间经师。

2. 隋唐科举制度的推动

隋唐时期，科举制度的建立为教育的发展提供了新的契机。科举制度强调选拔人才的标准是才学而非门第，这使得教育更加公平、公正。在这个时期，许多儒家学者和教育家通过科举考试进入官场，他们以自己的实际行动践行了仁爱之心的教育理念。他们不仅注重学生的学业成绩，更关注学生的品德修养和人格塑造。同时，他们还积极推广儒家文化，为中华文化的传承和发展做出了重要贡献。

唐代韩愈著《师说》，在佛道盛行的时代重树师道尊严。“传道授业解惑”的职能定位，将仁爱精神注入教师使命：所谓“道”，即以仁爱为核心的价值体系；“业”是经世致用的知识传承；“惑”则需教师以仁心洞察学生困境。柳宗元发展了孔子的主张，提出“交以为师”的理念，“认为教育不仅是‘教学相长’，而且

① 董仲舒．春秋繁露［M］．张世亮，钟肇鹏，周桂钿．译．北京：中华书局，2018：89.

是‘互为人师’，要把学生当作同等的人，当作一个学习对象。”① 这种具有辩证性、发展性、生本性、自知性、民主性等哲学意蕴的教育思想，② 丰富了仁爱教育的内涵。

（三）宋明时期：“仁”的哲理化与教育实践

到了宋明时期，理学逐渐兴起并发展成为中华传统文化的主流。理学强调“天理”与“人欲”的对立统一，认为教育者应该引导学生认识天理、克制人欲。在这个时期，许多儒家学者和教育家进一步深化了仁爱之心的教育理念。他们强调教育者应该具备广博的知识和深厚的文化底蕴，以引导学生正确认识世界、认识人生。同时，他们还注重培养学生的独立思考能力和创新精神，鼓励学生在学术研究中不断探索和创新。

程颢提出“学者须先识仁”“仁者浑然与物同体”③，将先秦的人际之爱升华为宇宙关怀。他在扶沟县办学时，要求教师“视民如伤”，把仁爱从书斋延伸至民生教化。朱熹构建“仁者，爱之理，心之德”的理学体系，主持白鹿洞书院时订立《学规》，强调“修身之要”先于“处事之方”，教师的仁爱体现为对学生人格的全面培育。其“半日静坐，半日读书”的教学法，旨在通过内省体认仁爱本性。④

（四）清代实学：“仁”的经世转向与师道革新

清代考据学的兴起使得学术研究更加严谨、科学。在这个时期，许多考据学家通过深入研究古代文献和经典著作，为仁爱之心的教育理念提供了丰富的历史和文化底蕴。他们强调教育者应该具备扎实的学术功底和严谨的治学态度，以引导学生正确认识历史和文化。同时，他们还注重培养学生的批判性思维和创新能力，鼓励学生在学术研究中不断探索和创新。戴震痛斥“以理杀人”，在《孟子字义疏证》中强调“仁者，生生之德”，其教师生涯注重引导学生考据实证，在训诂中发掘仁爱的现实意义。

二、马克思主义理论的科学指引

在马克思主义理论的指导下，教师的“乐教爱生、甘于奉献的仁爱之心”不

---

① 张官妹．试论柳宗元周敦颐教育思想的联系［J］．开封大学学报，2005（4）：9.

② 黎利云．柳宗元“交以为师”师生观的哲学意蕴与教育价值［J］．当代教育论坛，2018（5）：61－67.

③ 程颢，程颐．二程集［M］．北京：中华书局，2004：156.

④ 乐爱国．从孔孟“仁者爱人”到朱熹“仁者，爱之理，心之德”［J］．南昌大学学报（人文社会科学版），2018（4）：5－14.

仅是对传统教育理念的继承，更是新时代教育事业的内在要求。这一理念不仅体现了教师的职业精神，更彰显了教育作为人类解放和社会进步重要工具的本质。

（一）理论基础：马克思主义人性观

马克思主义认为，人的本质是一切社会关系的总和。在教育领域，这一观点意味着教师的角色不仅仅是知识的传授者，更是学生社会化的引导者。“乐教爱生、甘于奉献的仁爱之心”，正是基于对学生全面发展的深切关怀，体现了教师对学生个体价值的尊重与肯定。

马克思主义强调人的全面发展，即人的能力、素质、社会关系等方面的全面发展。教师应通过因材施教、寓教于乐的方式，激发学生的学习兴趣，培养学生的创新精神和实践能力，为学生的全面发展奠定坚实基础，通过无私的奉献和默默的付出，为学生的成长提供坚实的保障。

（二）实践指导：马克思主义实践观

马克思主义认为，实践是检验真理的唯一标准，也是人认识世界和改造世界的根本途径。在教育领域，“乐教爱生、甘于奉献的仁爱之心”需要通过实践来体现和实现。教师应不断探索教育规律，创新教学方法，提高教学效果，关注学生的个体差异，因材施教，激发学生的学习兴趣和潜能。教师还应通过参加教育科研、志愿服务等活动，不断提升自己的专业素养和教育教学能力，为学生的成长提供更有力的支持，鼓励学生参与社会实践，培养学生的实践能力和社会责任感，通过组织学生参加志愿服务、社会实践等活动，让学生在实践中增长见识、锻炼能力、提升素质。

（三）服务对象：马克思主义群众观

马克思主义认为，人民群众是历史的创造者，是社会变革的决定力量。在教育领域，“乐教爱生、甘于奉献的仁爱之心”正是以人民为中心的教育理念的体现。教师应始终以学生为中心，关注学生的成长和发展，尊重学生的个性差异，关注学生的情感需求，关注学生的心理健康，为学生的全面发展提供全方位的支持。教师还应通过自己的无私奉献和默默付出，为学生的成长创造更好的条件和环境，通过组织丰富多彩的课外活动、兴趣小组等，培养学生的兴趣爱好和特长，提升学生的综合素质。

（四）价值追求：马克思主义价值观

马克思主义认为，价值观是人们对事物价值的根本看法和态度。在教育领域，“乐教爱生、甘于奉献的仁爱之心”体现了教师对教育事业和学生发展的价值追求。教师应对教育事业充满热爱和忠诚，始终把教育事业作为自己的神圣使命和崇高追求，为学生的成长和教育事业的发展贡献自己的力量。教师还应通过自己的无私奉献和默默付出，为教育事业的发展贡献自己的智慧和力量，相信每个学生都有自己的潜力和价值，通过教育和引导激发学生的潜能，促进学生的全面发展。

（五）使命引领：马克思主义历史观

马克思主义认为，历史是由人民群众创造的，但人民群众在创造历史的过程中需要先进思想的引领。新时代教育事业的发展需要一支高素质的教师队伍。教师应通过不断提升自己的专业素养和教育教学能力，为新时代教育事业的发展贡献自己的力量，同时通过自己的无私奉献和默默付出，为新时代教育事业的发展提供有力的支持和保障。教师还应通过传授科学知识、培养创新精神和实践能力、塑造健全人格等方式，为学生的成长和发展奠定坚实基础，为培养新时代接班人贡献自己的力量。

三、党的教育事业发展的实践凝练

在中国共产党的光辉历程中，教育事业始终占据着举足轻重的地位。作为党的教育事业的灵魂，“乐教爱生、甘于奉献的仁爱之心”的精神贯穿了党的教育发展的每一个阶段。

（一）萌芽与初绽于新民主主义革命时期

在新民主主义革命时期，中国共产党在革命根据地开展了一系列教育探索和实践。在这个时期，党的教育工作者面对极其艰苦的条件，依然坚持乐教爱生、甘于奉献的教育理念。他们深入田间地头，了解农民群众的教育需求，因地制宜地开展扫盲教育、成人教育等，为革命根据地的建设提供了有力的人才支撑。①

抗战烽火中，赵君陶以战时儿童保育院为阵地，将仁爱之心化作具体行动。作为1926年加入中国共产党的老党员，赵君陶担任了战时儿童保育会直属第三保育院的院长。面对600余名流亡儿童，她八方募捐物资，亲自背患病儿童赴十公里外就医，为他们设立简易病房防病治病。她首创以抗日纪念日命名班级（如

---

① 朱旭东，刘丽莎，靳伟，等．人民教师 百年征程铸师魂［N］．中国教育报，2021－07－01．

“8·13团”“7·7团”)，通过教唱《义勇军进行曲》、讲述红军长征故事，将爱国情怀融入日常教学。在物资匮乏时，她不辞辛劳，向社会募捐筹款，确保孩童每周能吃上两次肉，挤出经费为营养不足儿童购买鱼肝油、猪肝。面对国民党势力挑选“模范儿童”的特权要求，她以教学为由坚决抵制，保护儿童受教育权；遇女学生遭欺凌，她联合律师惩办凶手，用行动诠释“教育者的脊梁”。正如邓颖超题词所言，她以“慈母般的爱”让这些在战火中幸存的孩童重获新生，用六年坚守为新民主主义革命时期的教育事业树立了仁爱典范①。

（二）传承与发展于社会主义革命和建设时期

中华人民共和国成立后，党的教育事业迎来了新的发展机遇。党对教育事业进行了全面改革，建立了以社会主义公有制为基础的教育制度。教育工作者在制度保障下深化仁爱之心的实践内涵，涌现出了一批具有时代特色的育人典范。例如，南京师范大学附属小学教师斯霞提出“母爱教育”理念，主张“教师应像母亲一样全身心爱护学生”。她坚持与学生同吃同住，观察儿童身心发展规律，首创“分散识字教学法”，将知识传授与情感关怀融为一体，体现了对个体生命的尊重与呵护。② 所以，斯霞去世后，有人撰写对联“斯人已逝，为霞满天”，对她给予高度的评价与深切的悼念。

（三）深化与创新于改革开放和社会主义现代化建设新时期

改革开放初期，党的教育事业经历了复苏期。教育工作者积极投身到教育事业的恢复和发展中，努力提高学生的学业水平和综合素质，以爱育人的教育科学化实践成为典型路径，如曾被周恩来总理称为“国宝”的小学教师霍懋征提出“没有爱就没有教育”的理念。她说：

> 我的育人方法是“激励，赏识，参与，期待”八个字，激励每一个学生上进，赏识每一个学生的才华，让每一个学生积极参与，期待每一个学生获得成功。我始终认为我的学生“人人都是材，人人都成才”。我常常把更多的爱，倾注在那些后进学生的身上，倾注在那些需要帮助的学生身上。③

随着素质教育全面推进，仁爱之心与教育创新深度融合。情境教育的生命关

---

① 王明友．流亡儿童的慈母赵君陶［J］．四川党史，1997（2）：36-38．
② 杨林国．追寻教师美德：基于斯霞教师美德的研究［D］．南京：南京师范大学，2006：102．
③ 霍懋征：没有爱就没有教育［J］．人民教育，2005（8）：4-6．

怀实践成为范例，南通师范学校第二附属小学教师李吉林自 1978 年起开展情境教育实验，通过创设“野外观察课”“角色扮演课”等教学场景，将自然与社会资源转化为情感教育载体。她在“情境教育实验与研究”中提出“美、智、趣”育人原则，带领学生观察长江水文变化、走访乡镇企业，使知识学习与家国情怀培育同频共振。①

（四）升华与传承于中国特色社会主义新时代

新时代教育工作者要以立德树人为根本，将仁爱精神与教育现代化深度融合。教育扶贫中的生命关怀实践成为典范，云南丽江华坪女子高级中学校长张桂梅扎根滇西贫困山区，创办全国第一所免费女子高中。她以“只要还有一口气，我就要站在讲台上，倾尽全力、奉献所有，九死亦无悔”② 的信念，二十年如一日护送学生晨读、走访辍学家庭，用“红色基因教育”帮助 2 000 多名贫困女孩改写命运。新时代仁爱之心的传承呈现出系统化、专业化特征：从“三全育人”综合改革到“双减”政策下的课后服务创新，从“师生成长共同体”建设到“AI＋教育”精准帮扶，教育工作者将传统师道精神转化为数据赋能的情感联结。

教育家精神“乐教爱生、甘于奉献的仁爱之心”有着深厚的形成渊源，它是中华优秀传统文化、马克思主义理论和党的教育事业发展实践共同作用的结果。在新时代，教育工作者要传承和弘扬这一精神，不断提升自身的教育情怀和道德修养，为培养德智体美劳全面发展的社会主义建设者和接班人贡献自己的力量。

第二节 “乐教爱生、甘于奉献的仁爱之心”的内涵意蕴

“乐教爱生、甘于奉献”是教师仁爱之心的核心体现，它不仅是职业精神的凝练，更是教育情怀的升华。乐教，源于对教育事业的热爱，是教师以饱满的热情投身教学的生动写照；爱生，则是对学生成长的深切关怀，以温暖与智慧滋养每一个生命；而甘于奉献，则是将仁爱之心转化为实际行动，在平凡的岗位上坚

① 李吉林．李吉林文集［M］．北京：人民教育出版社，2006：127.
② 丁雅诵．扎根深山 不负韶华［N］．人民日报，2021－09－10（6）.

守初心。这三者相互交融，共同构筑了教师崇高的精神品格，彰显了其以爱育人的使命担当。

一、乐教是仁爱之心的精神底色

乐教与仁爱的关系，恰似树根与果实：没有深植于教育热忱的乐教精神，仁爱之心便易沦为形式化的道德标榜；而缺乏仁爱关怀的乐教态度，则可能陷入孤芳自赏的技术主义。当教育工作者将教育事业视为兴趣爱好、职业志向与理想信念的融合体时，便能以真诚、友善、愉悦的情感感化学生，在“乐中教”与“教中乐”的互动中实现教育价值的双向奔赴。这种境界的形成，既源于教育工作者积极乐观的心态与高尚的道德情操，更需要通过三种路径的深度融合方能达成：将兴趣爱好、职业规划、理想信念与教书育人相结合。

（一）兴趣爱好与教书育人的交融：点燃教育热情的火种

教育家与普通教师的本质区别，往往体现在对教育工作的情感认知上。对于普通教师而言，教书育人可能更多表现为一种职业责任的履行，完成教学任务、遵守规章制度即可视为称职。然而，教育家将教育视为生命的延伸，把课堂当作兴趣的试验场。他们把教书育人当成一种兴趣爱好，当成一种志业，不仅可帮助教育对象打开新的世界视野，也可以带给自我不一样的成功体验，最终极大满足自我对职业幸福感的追求。①

朱敏才、孙丽娜夫妇的支教经历为此提供了生动注脚。朱敏才是一名外交官，妻子孙丽娜是一名高级教师。在一般人眼中两人拿着高薪，退休后自然也该过着悠闲自在的生活，但两人却没有选择安逸的日子，毅然从繁华的北京奔赴贵州偏远山区支教。多年来，他们支教的足迹遍布贵州的望谟县、兴义市尖山苗寨、贵阳市孟关等地，将外交生涯中积累的跨文化视野转化为山区孩子们独特的教育资源。朱敏才、孙丽娜夫妇用十一年的坚守证明，当教育工作者真正达到“乐中教”与“教中乐”的境界时，仁爱之心便会自然流淌——那些翻山越岭送教的足迹、深夜批改作业的灯光、为学生擦去泪水的指尖，都是乐教精神的具体显影。②

---

① 李英豪．仁爱之心：为教育家书写大爱定根［J］．北京工业大学学报（社会科学版），2024（1）：22－27.

② 外交官夫妇朱敏才、孙丽娜：9 年支教绽放最美心灵［J］．学周刊，2015（4）：12.

（二）职业规划与教书育人的协同：构筑教育使命的阶梯

教育工作者的职业规划不应局限于职称晋升或薪资提升的短期目标，而应着眼于教育生态的长期改善。教育家之所以能超越职业倦怠，关键在于他们将个人发展与学生成长、教育革新紧密关联起来，构建起具有社会价值的职业愿景。教育家的职业规划具有“超功利性”特征，这种规划既包含对专业能力的持续精进，更蕴含对教育公平的执着追求。

这种高远的教育视野，要求教师突破“上好一节课”的微观视角，转而以系统思维规划职业生涯。一名语文教师若将职业目标设定为“构建传统文化育人体系”，便会在日常教学中渗透经典诵读、非遗体验等模块；一名科学教师若立志“培养乡村学生的科技创新能力”，则会主动链接高校实验室资源，带领学生开展乡土调研项目。教育家的职业规划如同阶梯，每一步攀登都指向更宏大的教育理想——当教师将个人成长嵌入教育变革的进程时，备课、上课、教研这些常规工作便获得了新的意义：它们不仅是职业要求，更是实现教育理想的必经之路。

（三）理想信念与教书育人的共生：铸就教育情怀的丰碑

教育家的理想信念具有双重向度：既包含对每个生命个体成长的真切关怀，也承载着民族复兴的时代使命。这种理想信念不是空洞的口号，而是通过具体的教育行为转化为塑造灵魂的力量。当教师将家国情怀融入学科教学，用专业知识引导学生理解个人命运与国家发展的关联时，教育便超越了知识传授的范畴，成为价值观培育的土壤。

近现代教育家的群体肖像为此提供了历史参照。蔡元培执掌北大时提出“思想自由，兼容并包”，在学术殿堂中播撒民主科学的火种；陶行知创办晓庄师范，将“生活即教育”的理念写入中国乡村教育的基因；竺可桢在战火中带领浙大西迁，用“求是精神”铸就知识分子的风骨。这些教育家的共同特质在于，他们始终将教育视为民族救亡与文明传承的事业。这种理想信念在当代教育工作者身上依然延续：朱敏才在地理课上解析“一带一路”倡议，让学生理解贵州山区与世界的连接；孙丽娜为留守儿童开设“星空诗会”，用诗歌抚慰心灵创伤，并在汶川地震后带领学生创作《千纸鹤的祝福》，将课堂变成生命教育的现场。

二、爱生是仁爱之心的核心要义

《新时代中小学教师职业行为十项准则》将“关心爱护学生”作为其中一条，

要求“严慈相济，诲人不倦，真心关爱学生，严格要求学生，做学生良师益友；不得歧视、侮辱学生，严禁虐待、伤害学生”。确实，教书是渡人渡己的修行，爱生就是修行的船桨。教育从来不只是知识的传递，更是生命与生命的相互照亮，这种爱不是挂在嘴边的漂亮话，而是藏在每天批改作业的红色批注里，躲在处理学生矛盾时的耐心倾听中，是仁爱之心的核心要义。

（一）理解与尊重：蹲下来才能看见真实的世界

理解学生，首先要拆掉“教师权威”的高台。“心理移位”要求教育工作者设身处地体察学生认知特点，调整教育策略以建立共识，同时必须尊重其存在价值与成长潜能，通过肯定学生内在尊严激发其向上动力。这种既换位思考又维护尊严的实践，既保障教育意图的有效传达，又唤醒学生的自我认同与生命自觉，构成教育伦理的核心维度。①

好老师都懂得蹲下身来，用孩子的眼睛看世界。就像陶行知先生用“四颗糖”化解打架事件——第一颗奖励孩子准时到场，第二颗尊重师长，第三颗正义感，第四颗知错就改。他教会我们：批评可以是裹着糖衣的药，关键在于是不是真的理解与尊重孩子心里的苦。

（二）鼓励与批评：藏在细节里的成长密码

教育家爱生需善用鼓励与批评的辩证艺术，既要持续发掘学生闪光点，以真诚赞美滋养其自信；又要及时纠偏，在批评中注入成长期待，实现严慈相济。前者如播撒阳光，通过“你完全能做得更好”等积极暗示激发潜能；后者若修剪枝叶，以“走偏时拉一把，迷茫时点盏灯”的智慧守护成长方向。掌握适时适度原则：鼓励避免空泛，需具体到解题思路的创新；批评拒绝羞辱，应转化为“我们一起找方法”的对话。如此情理交融，方能引导学生明辨是非，在追求真善美的道路上稳步前行。

在北京某重点中学的教师休息室，挂着一幅特别的书法作品——“把批评变成礼物”。李老师班上曾有个作文总写流水账的男生，她在评语里画了辆自行车，写下：“你的文字像车轮不停转，要是能偶尔刹住车看看风景就更好了。”没想到下次他的作文里真的出现了细腻的景物描写。这种“批评的艺术”，暗合心理学中的

① 李英豪．仁爱之心：为教育家书写大爱定根［J］．北京工业大学学报（社会科学版），2024（1）：22－27．

“三明治法则”：把建议夹在两片肯定的面包里，学生更容易消化吸收。

（三）宽容与接纳：给每一种成长留一扇窗

宽容是润泽心灵的细雨，允许学生试错成长，如春风化雨般化解矛盾；但绝非无原则妥协，面对原则性问题需如园丁修剪枝丫，坚守底线寸步不让。接纳则是拥抱差异的胸怀，珍视每个生命的独特性——无论是思维方式的差异还是情感表达的棱角，都视作个性火花而非瑕疵。真正的教育宽容，既包含对迟到少年轻拍肩膀的谅解，也涵盖对其抄袭行为的严肃约谈；既接纳内向学生安静的思考节奏，也理解活泼孩童跃动的求知热情。这种有温度的边界感，让学生在安全区中舒展羽翼，在底线前校准航向，最终实现自我认同与社会价值的和谐共生。

这里举个例子——广州某农民工子弟学校发生过温暖一幕：外来学生小芳因口音浓重被同学嘲笑，语文老师却组织学生用各地方言朗读《再别康桥》，当潮汕话、四川话版本的朗读声在教室回荡，方言不再是羞耻而是骄傲。这种教育智慧，把原本可能发酵成歧视的事件，转化成了文化包容的活教材。

教育的真谛，藏在那些看似平常的瞬间：或许是作业本上多画的一个笑脸，或许是学生哭泣时默默递上的纸巾，又或许是家访时沾满泥巴的球鞋。这些细微处的关爱，就像春雨润物，深深浸润大地，看似无声，却在某个不经意的时刻，成为改变学生命运的锁钥。教育工作者的仁爱之心，从来不需要惊天动地。它只需要在平凡的日子里，把每个学生都当作正在成长的自己，用理解铺路，用智慧搭桥，让爱在教育的土壤里开出最朴素的花。

三、甘于奉献是仁爱之心的实践品格

教育是一项充满大爱的事业，教育家是奉献大爱的使者。作为社会中默默奉献的一个群体，他们始终站稳三尺讲台，躬耕教育事业、培育时代新人、担当强国使命，所展现出甘为人梯、大公无私的奉献情怀，正是其仁爱之心彰显的内在规定。

（一）躬耕杏坛照心路

教育家将教育视为终身志业，以立德树人为根本，以“国之大者”为使命，在躬身实践中践行育人初心。他们紧跟教育前沿动态，以崇高理想指引育人实践，将习近平“做大先生”的嘱托转化为治学准则，用爱国情怀浇筑教育根基，以言传身教示范为学、为事、为人之道，成为推动教育现代化的核心力量。这种奉献精神绝非偶然选择，而是教育工作者仁爱品格的必然外显。

语文教育家于漪深耕讲台七十载，即便耄耋之年仍坚持“一课三备”：首备教材精髓，二备学生认知，三备时代精神。她将积蓄全数捐设教育基金，九十高龄仍通过视频指导青年教师，在《木兰诗》教学中融入航天精神，让古诗文与现代价值观共鸣。当学生问及奉献的意义，她指着办公室墙上“生命与使命同行”的墨宝说：“真正的教育工作者，要把自己的精神生命嫁接到学生的人生之树上。”① 这种永不停歇的奉献，正是教育家仁爱之心最生动的注脚。

（二）培土育苗护新枝

教育家将培育时代新人视为民族振兴的战略工程，以专业引领、道德示范、创新激发三维发力。他们用科学方法锻造学生过硬本领，以身教涵养大爱大德情怀，以个性化培养激活创新潜能，为科技强国建设锻造人才利刃。这种全维度的育人实践，本质上是教育家仁爱精神在人才培养中的自然流淌。

战略科学家黄大年放弃英国优厚条件归国任教，在吉林大学创立“李四光实验班”。他带学生深入极地科考现场，用雪地帐篷里的数据测算点燃报国热血；自费购买无人机教具，将病房改造成“移动课堂”，临终前仍攥着学生的论文批注。其弟子王郁涵继承遗志，带领团队突破“地壳一号”万米钻机技术，坦言“黄老师教会我们用地质锤叩问大地，更用生命诠释何为家国担当”。这种把生命化作人才成长养料的奉献，正是教育家仁爱情怀最深刻的表达范式。②

（三）奔赴山海建强国

新时代教育家的血脉里奔涌着与国家命运同频共振的赤诚。当第二个百年奋斗目标的曙光穿透云层，教育工作者已不再是三尺讲台的守望者，而是化身为劈开知识高墙的破壁者、点燃创新火种的传薪人。他们深知，粉笔书写的不只是公式定理，更是民族复兴的密码；实验室孕育的不单是科技成果，更是打破霸权封锁的利刃。这种将个人理想熔铸于时代洪流的抉择，正是仁爱精神最壮阔的绽放。

构建新发展格局是我国经济现代化的路径选择。③ 在“双循环”新发展格局

① 于漪．点亮生命灯火［M］．北京：商务印书馆，2019：69.

② 心有大我 至诚报国：记已故著名地球物理学家，原吉林大学教授、博士生导师黄大年［J］．中国人才，2017（7）：8－9.

③ 黄群慧．中国式现代化的理论价值及实现路径［J］．北京工业大学学报（社会科学版），2023（4）：1－12.

的经纬线上，教育正编织着攻守兼备的战略网络。面对某些国家在芯片、算法等领域的科技围堵，教育工作者如同深海中的灯塔，在惊涛骇浪中为后来者指引航向：他们带着学生在数据洪流中淘金，把西方封锁清单转化为攻关课题表；他们重构知识版图，让量子计算课堂与半导体车间实时联动，使石墨烯实验室的晨光还未褪去，产业化生产线的机器已然轰鸣。这种把国家痛点转化为育人起点的智慧，恰似春雨润物，在无声处滋养着科技自立自强的根系。

第三节 “乐教爱生、甘于奉献的仁爱之心”的践行路径

在中国传统文化中，“仁”是儒家思想的重要内容，是孔子心目中的道德准则。孟子云：“亲亲而仁民，仁民而爱物。”① 所谓仁心就是爱己、爱人、爱物。先爱自己，后爱人，再后爱物，这是中国传统文化所体现的仁爱次序。② 教师以自尊立风骨，以自知破迷思，以自爱蓄能量，以自重守初心。三尺讲台之上，教育工作者以生命薪火点燃文明传承，以实际行动让仁爱之心从个人德行跃入家国苍穹。

一、爱己

仁爱之心的本质是生命能量的传递。教师作为“人类灵魂的工程师”，其仁爱之心的起点不在于自我牺牲式的奉献，而在于对自身生命的完整认知与真诚接纳。教师既是“具体的人”又是“专业的人”，这种双重属性决定了其必须在完善自我与完成职业使命之间找到平衡。要践行“乐教爱生、甘于奉献”的承诺，需以“身正为范”为根基，通过自尊、自爱、自重的三重修炼，构建起仁爱之心的完整生态。③

（一）自尊：立师者风骨，守教育尊严

自尊是教师职业精神的脊梁。当一位教师挺直腰板站在讲台上，他的目光中

---

① 杨伯峻．孟子译注［M］．北京：中华书局，2008：14．

② 陈翠，陈艾睿，杜江红．高校教师仁爱之心的时代意蕴及其养成：基于全国优秀教师案例的质性分析［J］．苏州科技大学学报（社会科学版），2022（1）：101－106．

③ 王枬．论教师的仁爱之心［J］．教育研究，2016（8）：117－127．

不仅要有知识的厚度，更需透出人格的高度。这种尊严感来源于对教师身份的深刻认同：我们不是知识的搬运工，而是文明的摆渡人。这种对细节的坚守，可让学生们从横竖撇捺间感受到汉字之美，更触摸到师者的精神品格。真正的自尊并非故作清高，而是内在信念的外显。教师尊严的建立不在宏大的口号中，而在日常的细微选择里——从拒绝一份不当馈赠到坚持用规范语言授课，这些行为都在无声地塑造着教育的品格。

（二）自爱：养生命能量，怀教育热忱

自爱是拥有健康身体，滋养生命能量的基础。“为祖国健康工作五十年”是清华大学校长蒋南翔于 1957 年所提出的，如今这句话已成为清华人的奋斗目标和鼓舞清华人坚持体育锻炼的座右铭。为祖国工作五十年的前提是健康，而健康的前提是自爱。蒋南翔校长经常风趣地提到旧中国大学生有的不重视锻炼身体导致一年级买眼镜，二年级买痰盂，三年级买药罐。① 当今，中小学生中也有不少“小胖墩儿”“小眼镜儿”“小糖人儿”“小豆芽儿”。作为老师，我们不管是为了自身健康，还是为了率先垂范，都应该自爱自律，坚持体育锻炼，把尽力发展肌体健康和身体效能融入国家富强和民族复兴的远大理想之中。②

自爱更体现在对专业成长的持续投入上。施嘉平，从一位普通教研员到身兼数个“专家”头衔，凭借的就是不断学习。施嘉平热爱学习，1978 年考上大专，1982 年专升本，1995 年参加研究生课程班进修，1998 年被选送到英国参加有关课程和教法的进修……在几年一个跨越的阶段性学习进修中勇攀知识高峰，锲而不舍地为自身长远发展“充电”“加油”。师范生需懂得，真正的教育热情不是燃烧自己，而是如灯塔般持久发光——既能照亮学生的航程，也要守护自己的光芒。③

（三）自重：守师道清流，树时代风范

自重，是师道尊严在当代的鲜活传承，教师唯有坚守自重，师道尊严方能生生不息。杨昌济先生曾在《达化斋日记》中记录：“余在教室间有失检之处，为

① 吴丹，李颖．从“为祖国健康工作五十年”解读蒋南翔教育思想［J］．清华大学教育研究，2007（5）：58－62．

② 宋皓，田翔．清华大学体育文化管窥：以“为祖国健康工作五十年”口号为例［J］．青少年体育，2020（11）：26－27．

③ 罗阳佳，李立基．施嘉平：嫁接理论高端与教学终端的人［J］．上海教育，2008（12）：30－31．

生徒所笑，亦不注意之过也。英国厄北淀大学教育学讲师喀拉喀先生，颇注意于学生之言语，偶有所误，必反诘而改正之。余尝自愧其不精细，以后当于此等处格外留心。”① 这段话生动地描述了杨昌济的自重精神。确实，对于教师而言，无论是纠正教学用语的偏误，规范课堂板书的笔顺，还是克制师生交往时的情绪波动，把握师生相处时的分寸尺度，所有这些看似微末的言行规约，都是对于自重自持的具象化实践。

同时，师者的自重，更深深植根于对教育初心的执着守护。这份初心，是面对三尺讲台时的敬畏，是凝视学生眼眸时的纯粹，更是对“立德树人”使命的终身践行。因为教育的真谛，从来不是单向的知识灌输，而是生命与生命的相互照亮。这正如星辰与星辰的对话，既保持各自的光芒，又彼此映照出更辽阔的精神宇宙。教师唯有以自重为基，在言传身教中坚守人格与操守，方能在日复一日的教育实践中淬炼出对学生的深沉仁爱。这种爱，无关刻意的表演，无关功利的考量，而是如春风化雨般自然流淌在课堂的每一句叮咛里，浸润在课间的每一次俯身倾听中，最终成为师生交互间最本真的生命状态。

二、爱人

孔子将“仁”定义为“爱人”，并将这种爱划分为“亲亲”与“泛爱众”的双重维度：前者是基于血缘的天然情感，后者则是超越亲缘的普遍关怀。教师的仁爱之心需要同时具备这两种特质，既要像父母般呵护学生，又要以理性与智慧实现“爱无差等”的教育理想。教师之“爱人”并非本能的情感投射，而是基于职业伦理的自觉选择，其核心在于“将学生视为目的而非手段”。教师唯有深刻理解仁爱的哲学内涵与教育价值，才能在实践中实现从“情感之爱”向“专业之爱”的升华。②

（一）尊重学生：以人格平等奠基教育关系

尊重是仁爱之心的首要原则，它要求教师摒弃居高临下的权威姿态，将学生视为具有独立人格的对话主体。雅斯贝尔斯认为，教育的本质是心灵教育，是一棵树摇动另一棵树，一朵云推动另一朵云，一个灵魂唤醒另一个灵魂。这种交流

---

① 王兴国．杨昌济辑：达化斋日记［M］．北京：民主与建设出版社，2016：12.

② 王枬．论教师的仁爱之心［J］．教育研究，2016（8）：117－127.

的前提是承认学生与教师在人格上的完全平等。这种尊重，是教育家苏霍姆林斯基笔下的“把每个学生视为宇宙中独一无二的存在”①。首先，尊重学生的人格尊严，要摒弃权威式说教，以平等对话唤醒学生的主体性。陶行知“四颗糖”的故事即为典范：面对打架学生，他通过肯定其守时、正直等品质，用信任激发自我反思，将惩戒转化为道德自觉的契机。其次，尊重学生的个体差异，需在教学中践行“因材施教”传统。于漪老师曾为理解学生认知差异，坚持记录课堂反馈并设计分层任务，如为阅读困难学生定制图文并茂的导读手册，为思维活跃者设计开放性课题，让每个学生获得适配的成长支架。再次，尊重学生的发展规律，意味着以耐心等待替代功利化追赶。李吉林在情境教育中，允许学生通过多轮观察、试错等方式逐步理解抽象概念，如在“蒲公英的旅行”主题课中，给予学生两周时间记录植物生长，在自然节奏中培养科学思维。② 最后，尊重与学生的双向对话，则需建立常态化反馈机制。如部分师范生在实习期间创建“学生成长微档案”，系统收录课堂发言、作业批注中的个性化需求，定期调整教学策略。这种尊重不是单向施予，而是在教育互动中实现师生生命的共同丰盈，使仁爱之心真正落地为有温度的教育实践。

（二）理解学生：以认知共情消解教育隔阂

理解是仁爱之心的认知基础，它要求教师突破代际与经验的壁垒，以“移情性理解”走进学生的意义世界。第一，要理解学生的认知特点，需掌握心理学与教育学规律，如李吉林在情境教育中依据皮亚杰认知发展理论，通过观察学生试错行为判断其思维阶段，设计具象化教学活动，而非急于灌输抽象概念。第二，要理解学生的情感需求，要求突破表层观察，如于漪通过长期记录学生课堂问答中的微表情和语言逻辑，发现内向学生的“沉默式参与”，进而优化小组互动形式，让不同性格的学生均获得表达安全感。第三，要理解学生的发展规律，需以动态视角替代静态评判，如部分师范生在实习中建立“学情追踪图谱”，结合学生作业、同伴互评等多维数据，分析其阶段性瓶颈与潜能，避免用单一成绩定义成长可能性。这种理解不是静态的“解剖式研究”，而是通过持续对话与动态反馈，将学生视为鲜活的生命个体。

---

① 魏智渊．苏霍姆林斯基教育学［M］．桂林：漓江出版社，2014：79.

② 李吉林．李吉林文集［M］．北京：人民教育出版社，2006：127.

（三）关怀学生：以责任伦理滋养生命成长

关怀是仁爱之心的情感表达，但其本质并非情绪化的同情，而是基于责任伦理的持续承诺。美国教育哲学家诺丁斯提出“关怀教育学”概念，强调教育工作者需建立“动机移位”——将他者需求转化为自身责任。从伦理学到教育实践，关怀需要遵循“情境-回应”的动态逻辑。教师既要在宏观层面关注社会结构性困境对学生的影响（如阶层差异、数字鸿沟等），也要在微观层面回应具体个体的特殊需求。第一，关注学生的情感状态，要超越学业辅导的局限，主动体察学生的心理需求。李吉林在情境教育中强调通过持续观察学生课堂参与时的情绪变化，如眼神聚焦度、发言积极性等细节，及时调整教学节奏或介入疏导，避免隐性压力累积。第二，回应学生的成长需求，需以“精准支持”替代笼统关怀。于漪曾通过分析学生周记中的隐喻表达（如“困在迷宫里”“找不到光”），捕捉其认知困惑或情感困境，再以个性化沟通策略（如书信引导、主题班会）搭建情感联结的桥梁。第三，构建支持性的教育生态，则需整合多方资源形成关怀合力，如通过建立学生成长档案、设计家庭访谈提纲，协同家长和社区识别学生的特殊需求（如留守儿童的情感缺失、流动儿童的文化适应等），借助心理沙盘、团体辅导等专业工具提供系统性支持。这种关怀不是短暂的同情，而是基于专业洞察与伦理责任的持续行动，使仁爱之心转化为促进学生全面发展的真实力量。

案　例

春华秋实

——记著名特级教师霍懋征（一）

霍懋征在小学教师的岗位上，对学生既重视文化建设，又重视思想建设；她不但教书，而且育人，用共产主义的思想，塑造无产阶级革命事业接班人的灵魂。她在教育学生的过程中，既有共产党人的坚定性和原则性，又充分表现出了慈祥而光辉的母爱。她一向主张：小学教师要像母亲对待自己的孩子那样对待学生。她说：一个教师必须热爱学生，喜欢孩子们，然后才能教好他们。

…………

霍懋征培养学生观察能力

十年内乱期间，霍懋征曾一度由北京第二实验小学调到北京丁字胡同小学担任班主任，同时教语文和数学。尽管当时天天是“革命大批判”开路，处处是“革命大字报”的海洋……老师们想教不能教，想管不敢管；学生乱糟糟，简直“放了羊”。但刚刚被解放并开始工作不久的霍懋征，却一如既往，仍按照党的德智体美全面发展的方针，进行教育和教学工作。

小学生去拉练，她就把课堂搬在拉练的路上。你看，霍懋征风尘仆仆，总是先去打前站，把学生的住房打扫干净，安排妥当，学生一到她就上课。

她，一名五十多岁的女教师，一天要走那么多的路，路上还要照顾学生，替孩子们背东西：吃的是窝头、咸菜，但讲起课来却是那样热情认真，引人入胜……

北京郊区的冬天，狂风呼呼，寒气逼人。有些娇嫩的女学生，带的被子少，晚上睡在大教室里，冷得直打战。霍懋征就把她们一个又一个地轮流抱到自己的被窝里，搂着睡觉，用自己的体温温暖她们冻僵的手脚、发抖的躯体；用人民教师对党的赤心，抚育祖国未来的灵魂……

孩子们感动得热泪长流，真诚地说：“霍老师你就像我们的妈妈……”

霍懋征并不是她的学生的母亲，但她对她们却胜似母亲。这是人民教师对学生的一种崇高的“母爱”。我们伟大祖国的三亿儿童、两亿中小学学生，是多么需要广大人民教师有这种伟大的母爱啊！

资料来源：霍懋征．小学语文教学经验谈［M］．上海：上海教育出版社，1985．

（四）宽容学生：以发展眼光守护成长可能

宽容是仁爱之心的智慧形态，它要求教师以发展的眼光看待学生。宽容的本质是对生命潜能的信任，正如农人不会因幼苗弯曲而将其折断，而是耐心培土矫正，静待其向光生长。第一，理解行为背后的发展诉求。苏霍姆林斯基在《给教师的建议》中强调“当学生表现出粗鲁时，教师首先要反思自己的教育方式是否制造了精神暴力”①，这种自我审视使宽容成为改进教育的起点。第二，接纳认知差异的客观存在。于漪在教学《荷塘月色》时，面对学生将“袅娜”读作“鸟娜”的错误，她通过展示篆书“袅”的象形结构，将错误转化为理解汉字演变规律的契机，这种教学智慧使宽容成为认知发展的催化剂。第三，构建动态容错机制。陶行知“四颗糖”教育案例中，对打架学生的四次正向反馈（守时、尊师、正义、自省），将惩戒转化为自我教育的阶梯，这种宽容不是纵容，而是基于成长规律的弹性引导。真正的教育宽容，是教师以专业素养为支撑，在理解教育规律与学生发展需求基础上形成的伦理自觉。

案　例

春华秋实

——记著名特级教师霍懋征（二）

霍懋征班上有一个聪明、淘气又胡闹的学生，他只有十二岁，整天既不学习，又不遵守纪律，还常常大闹课堂，学校和老师都拿他毫无办法。霍懋征经过家访，了解到这个学生的妈妈下放到干校去了，这时爸爸又要到外地出差，正在发愁，孩子在家无人照管。霍老师毅然决定，把这个学生接到自己家里吃住，决心帮助他，教育他，转变他。

从此之后，每天下午放学时，霍懋征就用自行车把这个学生接到自己家里吃住，早晨又用自行车推他到学校上学。这孩子有尿床的毛病，霍懋征天天给他烘烤尿湿的被褥……开始时这个学生仍旧捣乱，辱骂老师。老师看到这种情形，对霍懋征说，“你何苦自找烦恼，这块‘朽木’不可雕也，他‘刀枪不入’。”霍老师却笑着说：“只要有决心，有耐心，真正把工作做好了，再捣乱的学生也能教育过来。”

① 苏霍姆林斯基．给教师的建议［M］．周蕖，王义高，刘启娴，等译．武汉：长江文艺出版社，2021：58.

好雨知时节，当春乃发生。随风潜入夜，润物细无声。渐渐地，霍懋征对这个学生的帮助开始发生作用了。一次，霍老师把可口的晚饭端给他，坐在炉前一边给他烤尿湿的褥子，一边同他谈话：

“你觉得自己最近表现如何?”

“还不够好。”

“比过去还是有不少进步，但以后还可以做得更好一些。比如在……方面……”

这个学生听着听着，两眼都湿润了。他喃喃地说：“霍老师你真好，比我妈待我还要好。我以后一定要听你的话，好好学习……”

几个月过去了，这个孩子在霍懋征慈母般的关怀教育下，终于变成了好学生。如今他已经成为解放军中的一名文艺工作者。

资料来源：霍懋征．小学语文教学经验谈［M］．上海：上海教育出版社，1985.

三、爱物

儒家思想中的“仁爱”不仅是对人的关怀，更是对自然万物的深情凝视。对教师而言，“爱物”既是教育使命的延伸，也是生命境界的拓展——当学会以仁爱之心观照自然，便能在格物致知中领悟教育真谛，在终身学习中实现自我与世界的和谐共生。

（一）以自然为师：在万物共生中涵养仁爱之心

“爱物”的本质是重新建立人与自然的生命联结。儒家“天人合一”的思想为教育工作者提供了方法论指引。第一，观察自然规律培养教育敏感度，可参照陶行知在晓庄师范的实践：师生共同种植作物并撰写《田间札记》，从稻谷抽穗的周期性领悟教育需尊重学生成长节奏，避免揠苗助长。第二，参与生态保护深化生命共情，如在北京麋鹿苑湿地修复项目中，师范生通过监测鸟类种群发现，单一物种保护会破坏生态平衡，由此反思教育中“唯分数论”对学生多样性的压制，形成对全体学生的包容性关怀。第三，转化自然共生为教育策略，可效仿陈鹤琴“活教育”对榕树生态的研究：观察榕树气根为附生植物提供支撑却不替代其生长，领悟教师应如“支架”般引导而非包办，让学生在自主探索中实现差异化发展。这种从自然万物中提炼的仁爱，使教育超越技术层面，升华为对生命本真状态的敬畏与守护。

（二）格物致知：在探究真理中淬炼教育匠心

“格物致知”是教师践行仁爱之心的实践路径。《礼记·大学》将“格物”置于修身之本，强调通过对事物的深度观察抵达真理之境。教育的匠心源于对每一片树叶纹理的好奇、对每一颗星辰轨迹的追问，这种探索精神将使课堂成为点燃智慧的燧石。如果你是一名语文教师，你可以学习特级教师于漪。她在备课时，为讲清《荷塘月色》中“田田的叶子”，曾连续一个月观察荷花生长，从初露尖角到残荷听雨，最终在课堂上用百余张照片串联起生命的诗意。① 这种“一事不知，深以为耻”的治学态度，正是“爱物”精神在教育中的投射——教师对知识真理的执着追求，本质上是对万物规律的虔诚叩问。

如果你热爱摄影，你可以尝试将摄影爱好转化为“视觉叙事教学法”，用镜头记录校园生活并引导学生撰写影像日志。如果你是一名数学教师，你可以尝试将围棋博弈融入几何教学，让学生在黑白棋子的布局中理解空间关系。至此，教师的爱物便从个人爱好转向了共同探索，这种共同的“格物致知”，不仅消解了传统课堂的枯燥感，更重要的是让仁爱之心通过具体的教学行为具象化。

（三）终身学习：在时代浪潮中守护教育初心

“问渠那得清如许？为有源头活水来。”正如霍懋征教师的工作台上“经常堆放着二三十种中央和地方的报纸、杂志”一样，终身学习是教师思想活力的不竭源泉。教师作为知识的传递者和价值的塑造者，唯有持续汲取新知，才能使教师成为“真正唤醒灵魂的引导者”。第一，扎根教育经典与实践的持续对话：系统研读《学记》《论语》等典籍，理解“仁者爱人”的教育传统，同时通过教育实习、支教活动等实践场域，将理论转化为关怀学生的具体行动，例如在课堂观察中记录学生需求、反思教学策略的人文适配性。第二，深化跨学科与教育前沿的融合学习：主动关注教育心理学、社会情感学习等领域研究成果，掌握差异化教学、心理疏导等技能，在技术赋能中保持教育温度，如运用智能工具辅助学情分析时，始终以面对面沟通补充数据盲区。第三，构建“双向成长”的反思机制：通过撰写教育叙事日志，既记录学生成长轨迹，也剖析自身教育行为的伦理向

① 于漪．点亮生命灯火［M］．北京：商务印书馆，2019：25.

度，例如从留守儿童的情感反馈中修正沟通方式，在持续迭代中强化教育工作者的责任自觉。这种学习模式以“知行互促”为内核，使师范生的仁爱之心既具文化根基，又能在时代变迁中葆有实践生命力。

四、爱国

仁者，爱人以德，爱国以诚。中华文化中的“仁爱”精神，始终与家国情怀紧密交织。对于当代教师而言，“爱国”是仁爱之心的最高形态：它既是“苟利国家生死以”的赤子深情，也是“化作春泥更护花”的奉献精神，更是“为往圣继绝学”的文化担当。当教师将个人理想熔铸于民族复兴的洪流中，教育便成为传承文明薪火、培育时代新人的神圣使命。

（一）铸魂：文化根脉中觉醒精神基因

爱国情怀的根基深植于文化认同的土壤。儒家“修身、齐家、治国、平天下”的伦理框架，将个人成长与国家命运编织成一张密不可分的意义之网。《礼记》言“玉不琢，不成器”，教师作为文明的琢玉人，需引导学生从青铜器的饕餮纹中读懂“礼乐兴邦”的治国智慧，在《楚辞》的香草美人意象里触摸“虽体解吾犹未变”的赤子丹心。这种文化启蒙不是简单的知识传递，而是通过激活集体记忆中的精神密码，让爱国情怀如同年轮般自然生长。

（二）深耕：教育实践中熔铸报国理想

爱国不是抽象的口号，而是将生命投入教育田野的躬身实践。王阳明强调“知行合一”，教师的爱国情怀需落地为“以文化人”的具体行动。课堂是教育工作者的主战场，每一次板书书写都是文明基因的复刻，每一句讲解都是民族精神的传递。从讲解《岳阳楼记》时剖析“先忧后乐”的政治伦理，到数学课上用“勾股定理”溯源《周髀算经》的智慧光芒，学科教学皆可成为爱国教育的载体。这种教育深耕，本质上是以学术的犁铧开垦学生的心田，让家国情怀的种子在知识的滋养中生根发芽。

（三）奉献：时代召唤中淬炼赤子之心

奉献是爱国情怀最炽热的表达形式。《论语》中“士不可以不弘毅”的训诫，在教育领域中转化为“捧着一颗心来，不带半根草去”的职业操守。这种奉献精神，既体现为扎根偏远山村的坚守，更升华为对教育本质的永恒追问——教师如何以有限的生命投入无限的精神传承？答案或许藏于范仲淹“不以物喜，不以己悲”的境界中：当教育工作者将个人得失置于家国大义之下，粉笔灰便化作文明的骨粉，讲台即成为奉献的祭坛。

（四）树人：立德修身中培育时代脊梁

爱国教育的终极目标，在于培养“胸中有丘壑，眼里存山河”的复兴栋梁。这要求教师将“立德树人”作为根本任务，以《大学》“明明德”的智慧塑造学生的精神骨骼。从引导学生理解“天下兴亡，匹夫有责”的责任伦理，到培养“和而不同”的文化包容力，教育本质上是在进行文明的基因编辑——通过价值观的精准植入，让年轻一代既有“铁肩担道义”的勇毅，又具“妙手著文章”的智慧。

从孔子“有教无类”的教育理想，到张载“为万世开太平”的士人精神，教育工作者的爱国情怀始终是中华文明的精神脊梁。师范生当以文化自信为舟，穿越历史长河的惊涛骇浪；以教育实践为剑，破除时代迷雾的精神荒原；以奉献精神为火，熔铸民族复兴的精神钢印；以立德树人为旗，引领文明传承的浩荡征程。当你们站在讲台上，要让学生看见：教师眉间的皱纹里镌刻着文明的年轮，手中的粉笔丈量着国家的未来。这，便是“仁爱即爱国”的终极诠释——用教育工作者的生命之光，照亮一个民族的精神星空。

思考与练习

1. 选取本教材提到的一位教育家，分析其教育理念、教育实践中体现的“乐教爱生、甘于奉献的仁爱之心”，并说说这些精神带来的启示。

2. 分析以下两个案例，讨论这两位老师如何展现出了“乐教爱生、甘于奉献的仁爱之心”，并从中提炼出可借鉴的经验。

案例一：某乡村教师长期坚守在偏远山区，不仅教授学生知识，还利用业余时间为学生辅导功课，关心他们的生活和心理健康。即使生活条件艰苦，职业发展有限，他依然乐此不疲，用爱心和耐心点亮了孩子们的希望之光。

案例二：一位城市学校的班主任通过细心观察发现，班上一位学生因家庭原因情绪低落，学习状态不佳。她主动与该学生沟通，了解其家庭情况，并协调学校资源为其提供心理辅导和经济援助。同时，她还组织班级同学开展互助活动，营造了一个温暖、包容的学习环境。

3. 在新时代背景下，请思考并讨论如何将“乐教爱生、甘于奉献的仁爱之心”与教育现代化相结合，以培养具有社会责任感、创新精神和实践能力的新时代人才。

4. 请查阅相关资料，选择一位体现“乐教爱生、甘于奉献的仁爱之心”的教育家，用一篇 300 字左右的短文，概括介绍其事迹与精神，并思考其对你成为教育家的启示。

5. 请结合个人实际，反思在培养“乐教爱生、甘于奉献的仁爱之心”过程中，你认为自己可能遇到的最大挑战是什么？并制定一份应对策略计划。

第八章 教育家精神之“胸怀天下、以文化人的弘道追求”

大家箴言

坚持胸怀天下。大道之行，天下为公。党始终以世界眼光关注人类前途命运，从人类发展大潮流、世界变化大格局、中国发展大历史正确认识和处理同外部世界的关系，坚持开放、不搞封闭，坚持互利共赢、不搞零和博弈，坚持主持公道、伸张正义，站在历史正确的一边，站在人类进步的一边。只要我们坚持和平发展道路，既通过维护世界和平发展自己，又通过自身发展维护世界和平，同世界上一切进步力量携手前进，不依附别人，不掠夺别人，永远不称霸，就一定能够不断为人类文明进步贡献智慧和力量，同世界各国人民一道，推动历史车轮向着光明的前途前进。①

——习近平

学习目标

1. 理解“胸怀天下、以文化人的弘道追求”的时代内涵。
2. 认同“胸怀天下、以文化人的弘道追求”的核心要求。
3. 掌握培养“胸怀天下、以文化人的弘道追求”的主要方法和路径。

---

① 中共中央关于党的百年奋斗重大成就和历史经验的决议［EB/OL］.（2021－11－17）. http：//jhsjk.people.cn/article/32284363.

内容导航

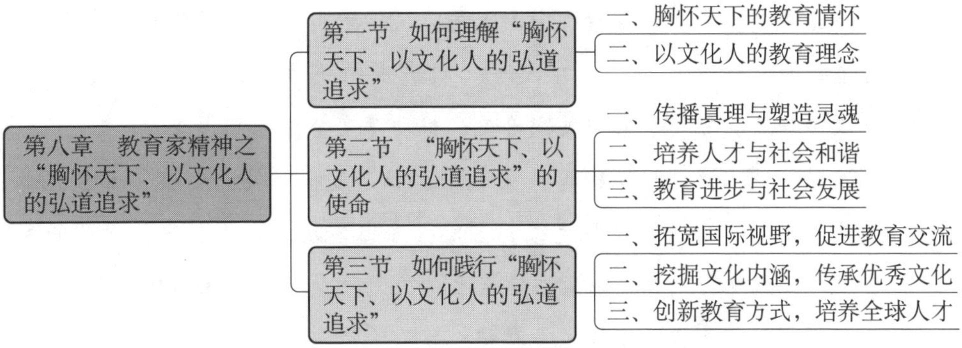

第一节　如何理解“胸怀天下、以文化人的弘道追求”

新时代背景下，“胸怀天下、以文化人”被赋予了新的内涵，体现了中国共产党人为人类谋进步、为世界谋大同的全球视野和博大胸襟，相应地要求教育者弘扬全人类共同价值，推动文明交流与互鉴①。“胸怀天下、以文化人的弘道追求”不仅是一种教育理念，更是一种教育情怀和教育使命的体现。它要求教育工作者将个人的教育追求融入推动社会进步的大潮中，致力于培养具有高尚品德、卓越才能和强烈社会责任感的人才。教育工作者应以弘扬真理和正义为己任，引导学生树立正确的世界观、人生观、价值观，培养他们成为有理想、有道德、有文化、有纪律的社会主义新人。这种教育使命体现了教育者对人类社会共同理想的追求，以及对实现人类全面自由发展的美好愿景。

一、胸怀天下的教育情怀

“胸怀天下、以文化人”是一种深刻而全面的教育理念，它融合了宽广的教育情怀、深刻的教育理念以及崇高的教育使命，共同构成了一个完整而宏大的教育哲学体系。习近平于 2023 年 12 月 26 日在纪念毛泽东同志诞辰 130 周年座谈会

---

① 张战旗．树立胸怀天下、以文化人的弘道追求［J］．国防部专论，2023（10）：1－3．

上的讲话中强调：

> 胸怀天下是我们党百年奋斗的一条重要历史经验。中国式现代化是走和平发展道路的现代化，既造福中国人民，又促进世界各国现代化。我们将坚定站在历史正确的一边、站在人类文明进步的一边，高举和平、发展、合作、共赢旗帜，弘扬全人类共同价值，推动落实全球发展倡议、全球安全倡议、全球文明倡议，推动构建持久和平、普遍安全、共同繁荣、开放包容、清洁美丽的世界。我们将坚定维护国际关系基本准则，维护国际公平正义，始终根据事情本身的是非曲直决定自己的立场和政策，尊重各国主权和领土完整，反对一切形式的霸权主义和强权政治。①

此外，“胸怀天下、以文化人的弘道追求”理念深深植根于中华优秀传统文化，儒家“修身、齐家、治国、平天下”的思想为这一理念提供了理论基础，强调教育者应具备家国情怀与全球视野。顾明远进一步提出，这一理念是中华优秀传统文化中“天下为公”思想的现代体现，要求教育者关注全球性议题，同时扎根本土，服务国家战略需求②。

（一）全球视野与国际责任感

“胸怀天下”首先要求教育者具备全球视野，能够超越地域与文化的局限，关注人类共同面临的挑战与机遇。这种视野不仅体现在对国际教育发展趋势的敏锐洞察方面，还体现在对全球性议题的深刻理解与积极回应上。例如，气候变化、贫富差距、科技伦理等问题，都需要教育者从全球视角出发，培养学生的国际责任感与全球胜任力。

2021年，联合国教科文组织（UNESCO）发布了里程碑式的报告《一起重新构想我们的未来：为教育打造新的社会契约》（Reimagining Our Futures Together：A New Social Contract for Education），该报告呼吁我们必须加强团结协作，学会关怀他人、关怀社会和全球生态，并把教育视为实现可持续发展的关键基石：“教育的目标必须是把我们团结起来，为我们提供塑造以社会、经济和环境

---

① 习近平．在纪念毛泽东同志诞辰130周年座谈会上的讲话［EB/OL］．（2023-12-26）．http：//politics.people.com.cn/n1/2023/1226/c1024-40147163.html.

② 顾明远．新时代教师队伍建设的战略思考［J］．教育研究，2018（3）：4-10.

正义为基础的，全民共享的可持续未来所必需的知识、科学和创新。”① 为此，联合国教科文组织提出了“可持续发展教育”（education for sustainable development，ESD）理念，这一理念不仅关注环境问题，还涵盖社会、经济和文化等多个问题维度，强调通过教育培养具有全球视野、社会责任感和创新能力的未来公民②。中国自2005年起积极参与ESD相关的全球行动，通过政策支持、课程开发与教师培训，推动ESD在各级教育中的实施。例如，北京市教育委员会颁布的《北京市中小学可持续发展教育指导纲要（试行）》为学校开展ESD相关活动提供了具体指导③。

（二）教育公平与包容

教育公平作为“胸怀天下”情怀的核心价值，关乎教育工作者对学生成长需求的关怀，以及对教育不平等现象的消除。它不仅要求教育资源公平分配，让每个学生都能获得必要的学习材料、设施及师资、经费支持，更强调教育过程与结果的公平性，关注每个学生的个性化需求，采用多元化教学策略，确保他们享有公平的发展机会。包容性教育则在此基础之上进一步深化，它尊重学生的多样性，涵盖文化背景、能力水平、性别认同等差异。教育者通过实施多元化的教学策略与支持措施，让每位学生都能在教育中找到归属感，收获成就感，真正实现教育公平与包容的有机统一。

案　例

促进教育公平的优师计划

2021年7月26日，教育部等九部门联合发布《中西部欠发达地区优秀教师定向培养计划》（简称“优师计划”），计划从2021年起，教育部直属师范大学与地方师范院校采取定向培养方式，每年为832个脱贫县（原集中连片特困地区县、国家扶贫开发工作重点县）和中西部陆地边境县中小学校培养1万名左右的师范生，从源头上提高中西部欠发达地区中小学教师队伍质量，

① 联合国教科文组织．一起重新构想我们的未来：为教育打造新的社会契约［M］．北京：教育科学出版社，2022：12，54，82．

② 国际理解教育的基石拓宽国际视野的起点［EB/OL］．（2019－05－22）．https：//max.book118.com/html/2019/0522/8036122104002024.shtm．

③ 史根东．可持续发展教育：新时期教育改革与发展的战略主题［J］．教育研究，2010（11）：12－18．

培养造就大批优秀教师。2022 年 9 月 7 日，习近平给北京师范大学“优师计划”的同学们写了回信。为贯彻落实习近平给北京师范大学“优师计划”师范生的回信精神，2022 年 9 月 26 日，教育部发布《关于进一步做好“优师计划”师范生培养工作的通知》，强调在师范生培养共性要求基础上，切实做好“优师计划”师范生培养工作，为国家和人民最需要的地方造就一批“四有”好老师。

资料来源：教育部等九部门关于印发《中西部欠发达地区优秀教师定向培养计划》的通知［EB/OL］.（2021－08－03）. http：//www.moe.gov.cn/srcsite/A10/s7011/202108/t20210803_548644.html；习近平给北京师范大学“优师计划”师范生的回信［EB/OL］.（2022－09－08）. http：//www.moe.gov.cn/jyb_xwfb/moe_176/202209/t20220908_659511.html；教育部办公厅发布《关于进一步做好“优师计划”师范生培养工作的通知》［EB/OL］.（2022－09－30）. http：//www.moe.gov.cn/srcsite/A10/s7011/202209/t20220930_666329.html.

“优师计划”充分展示了如何通过定向培养优秀教师，推动教育公平与包容的实现。在教育资源分配方面，“优师计划”面向脱贫地区，定向精准施策，确保了中西部欠发达地区的学生能够获得与城市地区学生同等质量的教育机会。通过定向培养，这些地区的学校得以拥有具备先进教学理念和专业素养的优秀教师，从而提升了整体教育质量。这不仅有助于缩小城乡教育差距，还为实现教育公平奠定了坚实基础。

（三）跨文化交流与多元文化尊重

自古以来，中华民族就展现出了非凡的文化自信与包容性，积极而开放地开展同域外民族的交往和文化交流。现代社会，秉持着习近平强调的“天下大同”“协和万邦”的宽广胸怀①，积极推动跨文化交流与多元文化尊重。中国政府高度重视教育在跨文化交流中的基础性作用，通过加强外语教育、推广汉语国际教育、举办国际文化节等活动，不断提升国民的跨文化交际能力，增进对多元文化的理解和尊重。同时，中国还积极参与国际文化交流与合作，通过举办文化年、艺术节、电影节等活动，向世界展示中国文化的独特魅力，同时也吸收借鉴世界

① 习近平．全面深化改革开放，为中国式现代化持续注入强劲动力［EB/OL］.（2024－05－15）. http：//jhsjk.people.cn/article/40236617.

各国的优秀文化成果，推动世界文化的多样性和共同繁荣。

跨文化交流与多元文化尊重的一个典型案例，是中国-东盟的教育合作。随着全球化进程的加速，中国与东盟国家在各领域的合作日益密切，并于 2011 年 11 月 18 日，在中国-东盟建立对话关系 20 周年纪念峰会期间成立了中国-东盟中心（ASEAN-China Centre）。该中心支持双向学生学者流动，举办教育合作论坛，促进语言文化交流，深化青少年和智库合作，主要包括中国-东盟教育交流周、中国-东盟千校携手计划、中国-东盟数字教育联盟等。这一合作不仅促进了双方教育资源的共享与互补，还深化了相互理解和友谊，为构建更加和谐的区域教育环境奠定了坚实基础。该联盟有效促进了中国与东盟国家在教师教育领域的交流与合作。

再以孔子学院为例。孔子学院是中外合作建立的非营利性教育机构，开展汉语教学和中外教育、文化等方面的交流与合作，致力于满足世界各国（地区）人民对汉语学习的需要，增进世界各国（地区）人民对中国语言文化的了解，加强中国与世界各国教育文化交流合作，发展中国与外国的友好关系，促进世界多元文化发展，构建和谐世界。① 截至 2024 年 10 月 31 日，294 家中方合作机构和 1 272 家外方合作机构在 161 个国家和地区合作设立 499 所孔子学院和 764 个孔子课堂，累计学员超 2 000 万人次。② 作为“以文化人”教育理念的璀璨明珠，孔子学院不仅致力于深度传承汉语和中国传统文化的精髓，通过一系列丰富多彩的文化活动和课程，生动再现了儒家思想的深邃性与中国传统节日习俗的多样性、人文性，极大地增强了国际学生对中国文化的认知、认同与热爱，而且勇于开拓、敢于创新，巧妙地将古老的文化智慧与现代科技元素相融合，既弘扬了传统文化的韵味，又赋予其新的时代内涵，促进了不同文化间的深度对话与和谐共生，培养了一大批具备全球视野、精通跨文化沟通的国际化人才，充分展现了“以文化人”在推动文化传承与创新方面所散发的独特魅力和深远影响。

二、以文化人的教育理念

“以文化人”是教育者凭借多元手段传承弘扬中华优秀传统文化、培育学生

---

① 孔子学院介绍［EB/OL］.（2007 - 12 - 31）. http：//www.moe.gov.cn/srcsite/zsdwxxgk/200712/t20071231_61844.html.

② 习近平．锚定建成文化强国战略目标 不断发展新时代中国特色社会主义文化［EB/OL］.（2024 - 10 - 29）. http：//jhsjk.people.cn/article/40349175.

文化自信与跨文化交流能力的理念，彰显着对文化传承创新及培养全球视野人才的追求。它并非简单知识传递，而是传承历经岁月沉淀的优秀传统文化，连接过去与未来，塑造人的精神世界。教育者需挖掘文化内涵价值，以深厚素养和敏锐洞察力筛选启迪人心的文化精髓，以将文化融入教学为核心实践，精心设计课程、创新方法，让学生在潜移默化中理解和认同文化，同时通过理性批判与当代创新，实现传承创新。借助文化教育引导学生树立正确三观，助力学生认识自我、理解他人、关注社会，增强文化自信，提升跨文化交流能力，以期成为国际人才。

（一）文化传承与创新

文化传承与创新是“以文化人”教育理念的核心，承载着对过往智慧的尊重与面向未来的突破。这要求教育者具备深厚的文化积淀与敏锐洞察力，精准把握文化精髓并将其融入教学，涵盖对中华优秀传统文化及世界其他文化的学习了解，通过多种形式让学生感受文化魅力、理解文化价值。同时，文化传承要在继承基础上创新，教育者应依照“创造性转化、创新性发展”理念，鼓励学生将中华优秀传统文化与培育和弘扬社会主义核心价值观的要求相结合，更新重塑传统文化观念，创造新文化形态。此外，教育者还需注重培养学生的批判性思维与跨文化交流能力，以提升其综合素质与竞争力，助力其在全球化环境中发挥更大作用。

这一方面的典型案例有很多，以中华优秀文化艺术传承学校活动为例①，2010 年，教育部决定自当年起，在全国中小学范围内开展创建中华优秀文化艺术传承学校活动，确定这些学校的任务是：传承优秀民族文化，弘扬民族精神，优化艺术教育环境；通过传承中华优秀文化艺术的有效途径，深化学校艺术教育教学改革，全面提升学校艺术教育质量；努力建设具有时代特征、校园特色、学生特点，凸显“向真、向善、向美、向上”特质的校园文化。实践表明，这些学校深入挖掘中华优秀传统文化的精髓，并将其融入日常教学中，让学生们在亲身实践中感受中华文化的博大精深，学生们不仅学习了传统文化知识和技能，更重要的是，他们在参与和体验中逐渐形成了对中华文化的深厚感情和高度认同。他们开始以更加自信和自豪的态度看待自己的民族文化，愿意主动传承和弘扬中华优秀传统文化。这不仅有助于学生们形成正确的世界观、人生观、价值观，更为他

---

① 教育部办公厅关于在中小学开展创建中华优秀文化艺术传承学校活动的通知［EB/OL］.（2010－07－13）. http：//www.moe.gov.cn/srcsite/A17/moe_794/moe_628/201007/t20100713_92854.html.

们未来的成长和发展奠定了坚实的基础。

（二）文化自信与民族自豪感

“以文化人”教育理念对培养文化自信与民族自豪感意义重大，它既助力个体在文化中寻得精神家园，又推动民族文化传承创新，为构建多元和谐世界文化格局出力。文化自信是个体对自身文化价值体系的认同与弘扬，源于对中华优秀传统文化的理解及对现代文化创新的接纳，能让个体在全球化中保持文化独立，展现跨文化交流魅力。在“以文化人”实践中，培养文化自信不仅要传授知识，更要注重情感共鸣与价值观塑造，如组织文化活动激发热爱与尊重，鼓励参与创新项目增强文化自信。民族自豪感是文化自信在集体层面的体现，是个体身份认同和民族凝聚力的源泉，通过讲述民族英雄故事、展示辉煌成就、弘扬民族精神等方式，使个体团结一致，在国际舞台展现民族魅力。

（三）跨文化交流能力

在“以文化人”的教育理念中，跨文化交流能力是指个体在多元文化背景下有效沟通、理解并尊重不同文化的能力，涵盖语言交流技能及对不同文化习俗、价值观等的理解与接纳。在全球化加深的当下，它是衡量个人综合素质的重要指标，对促进国际理解、增进人类和平合作意义重大。在“以文化人”教育框架内培养此能力，旨在让学生掌握文化知识，更重要的是使其成为有国际视野、能理解尊重多元文化、在跨文化环境中有效沟通合作的人才。这要求教育体系在传承创新本土文化的同时引入全球视野，通过国际学生交流、海外研学旅行等多样化教学手段和实践活动，增强学生的跨文化敏感性和适应性。此外，还强调发展批判性思维，鼓励学生对比分析文化现象，客观全面理解文化差异，学会在尊重多样性基础上有效沟通，为构建和谐包容的全球社会出力。因此，跨文化交流能力是“以文化人”教育理念不可或缺的一环，为个体在全球化时代全面发展及培养具有全球竞争力的未来人才奠定基础。

案　例

“文化丝路”

“文化丝路”（The Silk Road of Culture）计划是在“一带一路”倡议的大背景下提出的。2023 年 5 月 19 日，习近平在同中亚五国元首共同会见记者时强调：我们将全面深化人文交流合作，积极开展体育、考古、旅游、医疗卫生等领域合作，办好中国同中亚国家人民文化艺术年暨中国-中亚青年艺术节活动，推进互设文化中心，扩大人员往来，鼓励青年交流，共同实施“文化丝路”计划。

“文化丝路”项目涵盖了多个领域和形式的文化交流活动，包括但不限于以下几个方面：第一，艺术展览与交流。通过举办各种艺术展览，如绘画、雕塑、摄影等，展示不同国家和地区的艺术风格和文化遗产。同时，组织艺术家之间的交流和互访，促进艺术创作的灵感碰撞和技艺传承。第二，文化节庆活动。结合不同国家和地区的传统节日和庆典，举办各种文化节庆活动，如音乐会、舞蹈表演、戏剧演出等，让参与者亲身体验不同文化的独特魅力。第三，文化遗产保护与传承。加强对沿线国家文化遗产的保护和传承工作，通过技术支持、资金援助等方式，帮助这些国家修复和保护文化遗产，同时推动文化遗产的合理利用和可持续发展。第四，文化交流平台搭建。建立文化交流平台，如文化交流中心、文化论坛等，为不同国家和地区的文化交流提供便利和支持。通过这些平台，可以促进文化信息的共享和交流，推动文化产业的合作与发展。

资料来源：习近平．习近平同中亚五国元首共同会见记者［EB/OL］．(2023-05-20)．http://jhsjk.people.cn/article/32690648.

“文化丝路”计划作为一项旨在促进全球文化互鉴与共享的重大倡议，通过一系列丰富多彩、形式多样的文化交流活动，不仅极大地加深了不同国家和地区人民之间的理解和友谊，搭建起了民心相通的桥梁，而且生动而深刻地诠释了“以文化人的教育理念”的深远意义。这一理念强调，文化不仅是民族精神的载体，更是连接不同文明、促进相互理解的桥梁。通过文化的交流与融合，“文化丝路”计划致力于培养个体在全球化语境下所必需的跨文化交流能力，使参与者能够在尊重差异、包容多样的基础上，有效地进行思想碰撞与情感沟通。这一过程不仅促进了全球文化的多样性和包容性发展，让各种文化在相互借鉴中焕发新的生机与活力，而且实现了教育在文化传承与交流中的积极作用，为推动构建人类命运共同体贡献了不可或缺的力量。

第二节 “胸怀天下、以文化人的弘道追求”的使命

“胸怀天下、以文化人的弘道追求”使命深深植根于中华优秀传统文化，儒家“修身、齐家、治国、平天下”的思想为这一使命提供了理论基础，强调教育者应具备家国情怀与全球视野①。同时，这一使命也是中华传统文化中“天下为公”思想的现代体现，要求教育者关注全球性议题，同时扎根本土，服务国家战略需求②。

一、传播真理与塑造灵魂

“传播真理与塑造灵魂”是“弘道追求”教育使命的核心组成部分，它不仅要求教育者具备扎实的学术功底和高尚的道德情操，更需具备深厚的人文关怀和社会责任感，能通过教育这一神圣事业，为人类的文明进步和社会的和谐发展贡献力量。真理，是客观存在的规律与事实，是科学探索的结晶，也是人类智慧的结晶。“传播真理”，意味着教育者承担着引导求知者探索世界、认识自我、理解宇宙的重任。教育者需具备深厚的学术功底和严谨的治学态度，通过系统的课程设计、生动的教学方法，将人类长期积累的知识财富传授给学生，帮助他们构建起扎实的学科基础，培养独立思考和批判性思维能力。在这个过程中，教育者不仅是知识的传递者，更是学生探索未知世界的引路人，要鼓励学生勇于质疑、敢于创新，不断追寻更深层次的知识与真理。

“塑造灵魂”，则是指教育者通过言传身教，对学生的人格成长、价值观形成产生深远影响。教育的目的不仅仅是知识的积累，更重要的是心灵的滋养与人格的完善。教育者需具备高尚的道德情操和深厚的人文素养，以身作则，成为学生效仿的榜样。他们需关注学生的情感需求、心理成长，通过情感交流、心理辅导等方式，帮助学生建立自信，培养同理心，学会尊重与包容。同时，教育者还需引导学生树立正确的世界观、人生观、价值观，培养他们成为具有社会责任感、具备高尚品德的公民，为社会的和谐与进步贡献力量。

---

① 张岱年，方克立．中国文化概论［M］．北京：北京师范大学出版社，2004．

② 顾明远．新时代教师队伍建设的战略思考［J］．教育研究，2018（3）：4－10．

二、培养人才与社会和谐

“培养人才与社会和谐”是“弘道追求”教育使命的重要组成部分，它们相互促进、相互依存，共同构成了教育对于个人成长与社会发展的深远影响。“培养人才”，是教育最直接最核心的任务。在“弘道追求”的引领下，教育不仅仅是知识的传授，更是能力的培养与人格的塑造。教育者需具备前瞻性的视野，紧跟时代步伐，不断更新教育理念与方法，以适应社会快速变迁的需求；要致力于培养学生的创新思维、批判性思考、团队合作以及解决问题的能力，使他们能够在未来的职业生涯中脱颖而出，成为引领社会发展的生力军；还需关注学生的全面发展，包括身心健康、艺术修养、社会责任感等方面的培养，努力造就德智体美劳全面发展的社会主义建设者和接班人。

“社会和谐”，则是教育所追求的更高层次的目标。教育不仅是个人成长的摇篮，更是社会和谐的基石。通过教育，人们能够学会尊重差异、包容多样，增进相互理解与合作，从而构建起和谐的人际关系和社会环境。教育者需将社会主义核心价值观融入教育全过程，通过课堂教学、校园文化、社会实践等多种途径，引导学生树立正确的世界观、人生观、价值观，培养他们的社会责任感和法治观念。同时，教育者还需积极参与社会治理，通过教育咨询、政策建议等方式，为政府决策提供科学依据，推动教育公平与社会公正，为社会的和谐稳定贡献力量。

在“培养人才与社会和谐”的过程中，教育者需注重教育的实用性与人文性的统一。一方面，要与社会经济发展紧密结合，培养适应市场需求的专业人才，推动产业升级与社会进步；另一方面，也要注重人文关怀，关注学生的精神世界与情感需求，培养他们的同理心、包容心与创造力，为社会的和谐与发展注入源源不断的正能量。

案　例

叶圣陶

作为中国现代教育与文学的双璧，叶圣陶一生践行“弘道”精神，通过教育革新、文学创作和社会实践三条路径，既培养了大批具有社会责任感的人才，又推动了社会和谐。

教育革新：培养“完整的人”，奠基社会和谐。他支持陶行知创办晓庄试验乡村师范学校①，学生白天参与农耕、社会调查，晚上讨论社会问题，毕业生如杨瑞清扎根乡村40余年，创办行知教育集团，惠及10万农村学子。叶圣陶教育子女“不教中有教”：长子叶至善因四门功课不及格留级，他转而支持其进入重视课外阅读的私立中学。叶至善后来成为著名出版人，其回忆录称：“父亲教我读‘无字书’——观察社会、思考人生，这比分数更珍贵。”这种教育理念培养的不仅是知识型人才，更是具有独立人格的“完整的人”。

文学创作：揭露与救赎，促进社会觉醒。叶圣陶的文学作品如《稻草人》和《倪焕之》，通过揭露社会黑暗面，激发读者对正义和光明的渴望。这些作品不仅传播了社会批判的真理，也促进了公众对社会问题的关注，推动了社会和谐。如《倪焕之》的主人公倪焕之试图以“理想教育”改造社会，虽以悲剧收场，却传递出“教育救国”的真理火种。他带领学生开辟农场，记录《农场日志》，实践“开源教育”——“学习与实践合一，劳动淳化生活”。这种理想主义塑造了无数教育者的精神脊梁，间接推动了教育公平。

社会实践：统一语言，构建精神共同体。叶圣陶积极参与白话文运动，作为“文学研究会”发起人之一，叶圣陶在《小说月报》等刊物大力推广白话文，参与制定现代汉语规范。他主持编撰首版《新华字典》，推动文化普及。此外，他主持编写的《开明国语课本》，注重生活化内容和白话文教学，影响了几代人的成长。这些教材不仅传播了科学知识，也塑造了国民的基础认知能力和价值观。

资料来源：朱世和．教育期刊编辑学［M］．北京：中国青年出版社，1995：343.

叶圣陶先生以毕生践行“弘道”精神，其贡献已超越个体生命维度，凝结为一种永恒的文化基因。他深知教育并非简单的知识传递，而是灵魂的唤醒与品格的塑造，因而倡导“不教之教”，让教育回归“立人”本质；他更明了文化需扎

---

① 闽教书香 福建教育出版社论文书评选（1958—2008）［M］．福州：福建教育出版社，2008：12.

根于人民沃土，故以白话文为犁铧，深耕民族精神的原野。这种“培养人才”与“社会和谐”的双向奔赴，实质上构建了一个“修己安人”的文明生态：通过教育培育具有社会责任感的个体，再通过个体觉醒推动社会整体进步。在当代语境下，当技术迭代冲击教育本质，当文化多元挑战价值共识，叶圣陶的实践更具启示意义。重访叶圣陶的“弘道”之路，我们得以重新锚定教育的终极关怀——不是制造标准化“产品”，不是固守传统形式，而是激发每个生命独特的创造力，以及用人民的语言书写时代精神。这种“教育家精神”，既是民族文化的根脉传承，亦是文明进步的永恒动力。

三、教育进步与社会发展

在“弘道追求”的教育使命中，“教育进步与社会发展”是紧密相连、相互促进的两个方面，它们共同推动人类文明不断前行。“教育进步”，是教育领域持续不断的革新与发展，它涵盖了教育理念、教育内容、教育方法、教育技术等多个方面的创新与提升。在“弘道追求”的引领下，教育者需具备开放的心态和前瞻的视野，勇于探索未知，敢于挑战传统，不断推动教育的现代化与国际化。他们需紧跟时代步伐，关注社会变迁与科技进步对教育的影响，及时调整教育目标与课程设置，以适应未来社会的需求。同时，教育者还需注重教育公平与质量的双重提升，通过优化教育资源配置、加强师资队伍建设、推进教育信息化等措施，努力缩小教育差距，提高教育质量，让更多人享受优质教育资源，实现教育可持续发展。

“社会发展”则是指社会在经济、政治、文化、科技等多个领域的全面进步与繁荣。教育作为社会发展的基石，对于推动社会进步具有不可替代的作用。一方面，教育通过培养高素质的人才队伍，为社会的经济发展、科技创新、文化传承等提供智力支持；另一方面，教育还通过传播先进的思想观念、价值观念与道德规范，引导社会成员树立正确的世界观、人生观、价值观，推动社会的文明进步与和谐发展。在“弘道追求”的指引下，教育者需将教育与社会发展紧密结合，积极参与社会治理与公共服务，通过教育咨询、政策建议、社会服务等途径，为政府决策和社会发展提供价值引领。

在“教育进步与社会发展”的过程中，教育者需注重教育的实用性与前瞻性的统一。一方面，教育要紧密贴合社会经济发展的实际需求，培养适应市场需求的专业人才，推动产业升级与经济社会发展；另一方面，教育也要具备前瞻性，关注未来社会的发展趋势与新兴领域的需求，提前布局、培养人才，为社会的长远发展奠定坚实基础。

案 例

杨士莪

杨士莪（1931—2024），声学家，水声工程学家，中国工程院院士。创建了我国第一个理工结合的水声工程专业，领导研制洲际导弹落点水声测量系统、船载鱼雷轨迹三维测量系统等水声定位技术，推动并领导我国首次独立大型深海水声综合考查，解决了国际上悬而未决的水洞降噪和测量方法难题，提出了目标识别的新途径。

在科技领域，杨士莪始终坚持自力更生、艰苦奋斗的精神。面对国内水声工程学科的空白，毅然放弃原有的专业，转向水声学的研究。在苏联学习期间，他深刻认识到核心技术对于国家安全的重要性，坚定了为国“听海”的决心。回国后，他带领团队攻克了一系列技术难题，如水声定位系统的研制、水洞降噪和测量方法问题的解决等，为我国水声科技的发展奠定了坚实基础，也为国家安全提供了有力保障。他的科研成果，如洲际导弹落点水声测量系统，为“蛟龙”号载人潜水器提供了定位系统等，成为国家海洋工程技术相关领域发展的宝贵财富。

在教育领域，杨士莪院士同样取得了卓越成就。他创建了我国第一个理工结合、配套完善的水声工程专业，为我国水声事业的发展培养了大批优秀人才。从教 70 年来，他始终坚持站着给学生讲课，寓教于乐，循循善诱，深受学生爱戴。杨士莪院士不仅注重知识的传授，更注重学生品德的培养。他以身作则，生活俭朴，却对学生慷慨大方，先后捐出 300 万元设立教育基金，支持家乡和母校的教育事业。他的言传身教，激励着一代又一代青年学子投身国防建设，为实现民族复兴伟业贡献力量。

资料来源：中国科学技术协会．中国科学技术专家传略・理学编：物理学卷 3 [M]. 北京：中国科学技术出版社，2006：335 - 344.

第三节　如何践行“胸怀天下、以文化人的弘道追求”

全球化浪潮裹挟着数字革命奔涌而来，教育家的精神图谱也正经历着前所未有的重构。广大教育者既要成为文明的摆渡人，在东西方教育智慧的对话中寻找坐标；也要成为文化的炼金师，将传统智慧熔铸成现代教育的基因序列；更要成为未来的设计师，用创新教育方式培育具有“地球大脑”的新型人才。而贯穿这一切的，是教育者永不停息的自我修炼——以师德为舟，以情怀为帆，载着人类文明的光亮驶向星辰大海。

一、拓宽国际视野，促进教育交流

在全球化的今天，教育须突破地理与文化的藩篱，以“世界公民”的胸襟培养未来人才。教育家当以“开放包容”的姿态，推动教育从“本土关怀”走向“全球对话”。以下从三个维度阐释其践行要求。

一是了解世界教育发展趋势。教育者须建立“地球村”思维，系统研究国际教育动态。既要关注“教育 4.0”等技术革命，如人工智能在教育评估中的应用、虚拟现实（VR）教学场景的构建；也要研究政策走向，如联合国教科文组织《2030 年教育行动框架》对“全纳教育”的强调；更要追踪理念革新，如芬兰的“现象教学”、新加坡的“少教多学”等模式。

二是参与国际教育交流与合作。教育交流不应只谈“走出去”，更要实现“深度对话”。（1）加入国际教育组织，如国际文凭组织（the International Baccalaureate Organization，IBO）、国际教育联盟（Global Education Alliance，GEA），参与课程认证与标准制定。（2）开展跨国文化合作，如深圳南山区为加快青少年中外人文交流教育特色区建设步伐，启动“丝路南山·文化互鉴”活动，开启南山与世界文化交流的窗口，让南山校园更具教育底色，更具时代气息，更具国际视野，同时也让更多的国际友人爱上南山文化，爱上中国文化，面向世界讲好“南山教育故事”①。（3）建立教师海外研修机制，如上海市教委指导

---

① 南山区启动“丝路南山·文化互鉴”活动［EB/OL］.（2023－12－12）. http：//www.szns.gov.cn/xxgk/bmxxgk/qjyj/xxgk/qt/zwdt/content/post_11042027.html.

实施的“未来教师储备与培养计划”，每年遴选教师赴哈佛大学、剑桥大学等研修，这种合作让教育创新在碰撞中迭代，让本土经验在分享中增值。

三是关注全球性问题。教育须引导学生从“世界公民”视角思考人类面临的共同挑战。（1）将“全球胜任力”纳入核心素养，如设计“全球健康”“数字伦理”等跨学科课程。（2）开展“模拟联合国”“世界青年峰会”等实践活动，让学生在模拟环境中理解国际合作规则。（3）建立“全球议题实验室”，如围绕“后疫情时代教育公平”开展跨国调研，学生团队通过数据分析为政策制定提供依据。这种教育使“家国情怀”与“全球视野”有机融合，可以培养出既能扎根本土又能对话世界的未来人才。

我国教师教育体系作为筑牢民族教育根基的战略工程，更须秉持“开放包容、和合共生”的理念，深度融入国际教育合作浪潮，进一步加强国际交流与合作①。《国家中长期教育改革和发展规划纲要（2010—2020年）》明确指出：加强国际交流与合作，提高我国教育国际化水平②。这一战略导向要求我们既要立足本土教育传统，守正创新，更要通过国际教育对话拓展教师全球胜任力，构建“引进来”和“走出去”双向互动的交流机制。唯有如此，方能在全球教育治理体系中贡献中国智慧，以教育交流推动构建人类命运共同体，实现“各美其美，美美与共”的文明交响。

案 例

顾明远的“五项修炼”

中国教育学会名誉会长顾明远，在拓宽国际视野、促进国际交流方面做出了卓越贡献。他提出，要慢慢成为教育家，教师成长须经历以下五项修炼：

第一项修炼是热爱教育。热爱教育是对教师最基本的要求，也是教育发展的基础。教育工作为什么重要？因为教育工作首先面对的是青少年儿童。我们要关心每一个孩子，因为这关系到他的一生，关系到他的家庭幸福。说大一点，它关系到我们民族的未来和国家的兴衰。我们要实现中国式现代化、

---

① 钟秉林．新时代教师教育国际化的战略思考［J］．中国高教研究，2019（5）：1－6.

② 国家中长期教育改革和发展规划纲要（2010—2020年）［EB/OL］．（2010－07－29）．http：//www.moe.gov.cn/srcsite/A01/s7048/201007/t20100729_171904.html.

实现教育现代化，首先要培养现代人。现代人具有民主、自由、高素质等特征。教师对教育要有这样的认识，对自身职业也要有认识。教师直接面对青少年儿童，不仅要为他们传授知识，更重要的是培养他们成人。就像陶行知先生讲的，“千教万教教人求真，千学万学学做真人”。怎么成为真人？要有高尚的品德，要胸怀祖国，要有真实本领、勇于担当。我们做工业、做农业都需要其他手段，教师职业不是靠其他的手段，而是要直接针对儿童的心灵，这是所有其他职业都取代不了的。

第二项修炼是锤炼。我们这些老教师都是锤炼出来的，都是在教育里面犯错误、从不成熟走向成熟。新教师不是一毕业走上讲台就能上好一堂课的。就像于漪老师讲的，上好一堂课，备课是一辈子的事。要不断磨炼，好课都是磨出来的。上完课以后，哪些内容讲得好、哪些地方还有不足，要做好反思。经过锤炼，首先成为合格的教师，再逐步成为优秀教师。

第三项修炼是学习。我们遇到问题怎么办，就是要学习。向书本学习，学习一些教育理论，还要学习教育的历史。我们五千多年的教育是怎么演化的，国际上有什么经验，历史上有什么经验，包括对一些教育问题的争论，都要学习。我想，最主要的还是要提高教师的专业水平。专业水平包括自身的修养，中国人经常讲修养身心，一个教师有修养就有教育智慧，所以要学习。不光遇到问题要学习，日常也要学习。我经常倡导，文科教师要多学习科普知识，当代科学技术日新月异，不了解一点科技知识，对学生的教育难以取得良好的效果。同样，理科教师也要学习一些文艺知识，提升自我的文化修养。有了修养就有悟性，智慧往往与悟性相关。

第四项修炼是创新。教育事业是创新的事业，我们天天讲教育改革，每一天可能都会遇到新问题。一个班级昨天挺好，今天就出现了一些问题；有的学生昨天心情挺好，今天心情就不太好。这个时候教师就要细心，所以我曾讲“教书育人在细微处”。要创新，每个教师就要有自己的教育风格。教师本身的素质是不同的，有的教师逻辑性比较强，有的教师形象思维比较好，要根据自己的情况创造自己的风格。每个教育家、优秀教师，都有自己的风格。

第五项修炼是收获。所谓收获，就是看到儿童的成长，看到他一天一天成人，这就是教育的成功，也是教师的成功，教师就有收获的喜悦。这种收获也要修炼，因为这种收获是不求回报的，跟父母要求孩子不一样。我们的收获是孩子的成长，是对社会服务，对国家、对民族、对未来的爱的体现。我们的优秀教师要更加努力培养下一代优秀教师，使我们的"优秀"能够一代一代传承下去。

资料来源：顾明远，孔苏，郭昶，等．建设教育强国，未来学校何为［J］．重庆高教研究，2025（1）：3－8.

二、挖掘文化内涵，传承优秀文化

文化乃民族之根、教育之魂。教育家当以"文化自觉"为使命，在传承中创新，在交流中守护，让教育成为文明赓续的薪火台。以下从三个维度阐释其践行要求：

一是深入挖掘中华优秀传统文化。中华优秀传统文化是民族精神的基因库，须以当代教育智慧激活其生命力。教育者当以《论语》《孟子》等经典为镜，汲取"仁者爱人""自强不息"等精神内核，通过非遗进校园、传统节庆重构等方式，让甲骨文、书法、戏曲等文化符号走进课堂。如江西省吉安市遂川县雩田镇的龙马小学，结合自身特点，开发"二十四节气"校本课程①，将农耕智慧与生态教育结合，使学生在观测物候中领悟"天人合一"的哲学意蕴。这种挖掘不是简单的复古，而是将传统文化转化为解决现代问题的智慧资源，实现"古为今用"的创造性转化。

二是将文化教育融入课程体系。文化传承须突破"点缀式"的活动范畴，深度融入学科教学与校园生态。一方面，可开发"文化基因"校本课程，如以敦煌壁画为载体的美学鉴赏课、以《资治通鉴》为案例的领导学课程；另一方面，推动学科渗透，如在物理课上讲解"阴阳五行"中的朴素辩证法，在历史课中探讨"丝绸之路"背后的文明互鉴。如北京市东城区史家小学，将课程根植于中国传统文化与国际视野的融合，开设系列"无边界"课程②，让学生在真实场景中感悟文物背后的中华优秀传统文化密码，并整合不同学科进行跨学科学习，既夯实

---

① 刘颂华．开发符合自身特色的农村小学语文校本课程：以"二十四节气"校本课程的开发为例［J］．江西教育，2025（7）：4－6.

② 洪伟，李娟．"无边界"课程培育家国情怀［J］．北京教育（普教版），2019（4）：68－69.

了文化根基，又培养了全球胜任力，为传统文化教育提供了创新范式。

三是尊重文化多样性与包容性。文化自觉不仅是对本土文化的坚守，更须以开放胸襟拥抱世界文明。教育者应倡导“和而不同”的价值观，警惕“文化优越论”陷阱，在比较中深化对中华文化的理解。如某国际学校开设的“丝绸之路上的美食文化”课程，让学生通过制作土耳其软糖、意大利比萨与中式点心，体验饮食背后的历史传承，在味蕾碰撞中领悟“各美其美，美美与共”的真谛。这种包容性教育，既守护了文化根脉，又培育了文明对话的能力。

案　例

叶嘉莹的古典诗词教育

叶嘉莹（1924—2024），古典文学研究专家、教育家、诗人，她的研究融深厚的国学根底、精湛的西学修养与深刻的生命体验为一体，构建了以“兴发感动”为核心的、特色鲜明的诗学体系，在弘扬传统与文明互鉴中作出了独特的巨大贡献，同时实现了诗学探索与人生修行的交融。叶嘉莹的古典诗词教育理念主要有以下几点：

以生命体验激活文化基因。主张“诗歌是心灵的独白”，她拒绝将诗词肢解为冷僻的训诂考据，而是引导学生通过文字触摸诗人的心跳。在讲授李商隐“春蚕到死丝方尽”时，她联系自身历经战乱仍坚持教书的经历，让学生瞬间理解“执着”二字的千钧重量。这种以生命印证生命、以情感唤醒情感的教法，让“唐诗三百首”不再是故纸堆里的符号，而是成为流淌在血脉中的文化基因。

构建文化传承的现代路径。推动古典诗词教育创新，既要保留传统吟诵的韵律之美，又要融入现代诠释学方法。她编订的教材《唐宋词十七讲》，将词体演变与宋代社会文化变迁勾连，揭示“词以载道”的深层文化密码。更通过“驼庵讲诗”等公益讲座，将诗词鉴赏转化为大众文化实践，证明传统文化完全能借助现代媒介实现“破圈”传播。其创立的“迦陵基金”资助古籍研究，形成文化传承的完整脉络。

培育文化自觉的教育哲学。强调“诗词是民族文化精神的倒影”，她教导学生不仅要读诗，更要“读诗人”。在解析杜甫“安得广厦千万间”时，她带领学生考察唐代民生史料，体会士大夫“以天下为己任”的精神传统。这种教育使诗词成为连接古今的桥梁，让学生在文字间触摸到文化根脉。正如她所言：“古典诗词不是博物馆里的古董，而是照亮现代人心灵的一盏明灯。”

资料来源：叶嘉莹．叶嘉莹说诗词之美［M］．北京：北京联合出版公司，2022：11.

叶嘉莹先生将其人生的光阴熔铸为古典诗词教育的精神长阶，其教育实践本身便是对“挖掘文化内涵，传承优秀文化”命题最鲜活的诠释。她创造性地提出了“兴发感动”说，打破了将诗词视为语言标本的窠臼，构建起以生命对话生命、以心灵唤醒心灵的教育哲学。在先生看来，每一首经典诗词都是古人生命体验的结晶，教育者须引导学生穿透文字表象，与屈子共悟“路漫漫其修远兮”的求索精神，同东坡感受“一蓑烟雨任平生”的旷达襟怀。这种教育不是单向度的知识灌输，而是通过诗词搭建起跨越千年的心灵共振场域，让学生在“见贤思齐”中实现精神成长。

三、创新教育方式，培养全球人才

在全球竞争与创新驱动的今天，教育家当以“未来视野”重塑教育形态，让教育成为培育全球胜任力与创新精神的摇篮。以下从三个维度阐释其践行要求。

一是创新教育方式与方法。教育转型须打破“知识灌输”的窠臼，构建“学习中心”范式。可推行“项目式学习”模式，如上海中学国际部参加的“未来之城”大赛，学生通过模拟联合国气候峰会，运用跨学科知识设计碳中和社区方案。同时，融合人工智能、虚拟现实等技术，如利用 AI 算法分析学生学习数据，生成个性化学习路径；借助虚拟现实技术开展“全球遗产保护”研学，让学生在数字虚拟敦煌修复壁画中理解文化传承。这种创新不仅提升学习效率，更培养学生在复杂情境中的决策能力。

二是培养学生的批判性思维与创新能力。全球人才的核心素养在于思辨力与创造力。可通过“问题导向学习”激活学生思维，如设置“人工智能伦理困境”等议题，引导学生通过辩论、学术论文等形式探索解决方案。如著名数学家丘成桐的数学教育改革，大力倡导以培养数学创造力和深度思维为目标的新型教育模式，强调数学教育不应仅仅停留在解题技巧的训练上，而应注重培养“数学创造力三要素”——概念可视化能力、跨域联结能力、问题重构能力。

三是关注学生的个性差异与多元需求。全球化时代的教育须尊重“差异即资源”的理念。实施多元智能评价，如建立涵盖语言、逻辑、空间、人际等维度的成长档案，为不同特质学生定制发展方案。推行选课制、微认证体系，如清华大学成立“全球胜任力发展中心”，聚焦学生全球胜任力培养，围绕道德与责任、自觉与自信、沟通与协作、开放与自尊、语言、世界知识与全球议题，提供课程、工作坊、咨询服务、情境训练和在线学习五类全球胜任力发展支持，致力于提升学生在多元文化环境中有效学习、工作和与人相处的能力，为学生走向世界做准备[①]。

思考与练习

1. 顾明远《以教育家精神锤炼强教之师》[②] 中有这么一段话：

> 我国历代知识分子不仅创造了中华优秀文化，而且都胸怀天下，抱有报国之心。“先天下之忧而忧，后天下之乐而乐”的范仲淹，“天下兴亡，匹夫有责”的顾炎武，就是中国知识分子的代表。历代教育家都乐教爱生，具有仁爱之心。孔子说“有教无类”“仁者爱人”，陶行知说“爱满天下”。这些教育家爱生如子，努力培养学生成为国家栋梁之材。而且，他们也深刻认识到教师不仅要授业，更要传道；既是经师，更是人师，正所谓“千教万教教人求真，千学万学学做真人”。

请仔细阅读后分析：

(1)“胸怀天下、以文化人的弘道追求”对教育者提出了哪些具体要求？

(2) 结合材料，分析教育家精神中“乐教爱生、甘于奉献的仁爱之心”与“胸怀天下、以文化人的弘道追求”之间的内在联系。

2. 赵老师是一名大学辅导员。在班级管理中，她积极践行“胸怀天下、以文化人”的理念。除了日常的学生事务管理，她经常组织各类主题活动，如邀请国内外知名学者开展文化讲座，分享不同国家和民族的文化精髓；组织文化交流社团，让学生们有机会与来自不同文化背景的同学交流互动；还带领学生参与国际

---

① 全球胜任力［EB/OL］. 清华大学官方网站，https：//www.tsinghua.edu.cn/hzjl/gjhz/qqs-rl1.htm.

② 顾明远．以教育家精神锤炼强教之师［J］. 人民教育，2023（18）：1.

志愿服务项目，让学生在实践中感受文化的多元与包容，拓宽国际视野，培养胸怀天下的情怀。然而，在一次学校组织的教师经验交流会上，有位老师对赵老师的做法提出质疑：“赵老师，你花这么多精力搞这些活动，学生成绩能提高吗？现在就业竞争这么激烈，学生们更需要的是实实在在的技能和证书，而不是这些看似虚无缥缈的文化交流和情怀培养。”赵老师听后，微微皱眉，陷入了思考，但很快调整好状态准备回应。

请根据上述案例，回答以下问题：

（1）案例中质疑者观点偏颇的原因。

（2）赵老师可能怎样坚定地做出回应？

3. 在现实教育环境中，教育者应如何将“胸怀天下、以文化人的弘道追求”融入日常教学，以实现“教人求真、学做真人”的教育目标？

第九章 教育家精神的中国特色与时代要求

大家箴言

子曰：“仁远乎哉？我欲仁，斯仁至矣！”

——《论语·述而》

学习目标

1. 理解“中国教育家精神”的内在意蕴。
2. 理解“中国特色教育家精神”的生成机理。
3. 掌握教育家精神的时代特征。

内容导航

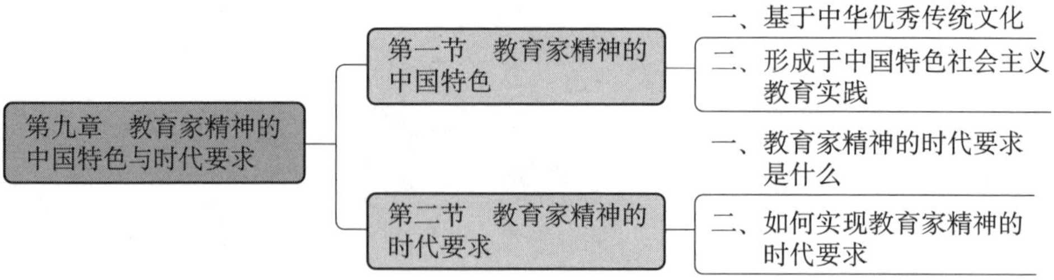

第一节 教育家精神的中国特色

习近平总揽全局，深切关怀教育事业发展，高瞻远瞩地提出中国特有的教育家精神，为新时代我国教师队伍发展指明了方向。作为中国特色教育学的一个标识性概念——教育家精神既具有创新求真的时代气质，又具有底蕴深厚的中国气质。

一、基于中华优秀传统文化

从古代的庠序之教到现代的教育体系，我国教育历史进程中，涌现出一批批为教育发展贡献了新理论或持续躬耕一线教学的优秀教师和教育家。中国特有的教育家精神，是对这些优秀教师和教育家的精神风范的归纳，是对中华民族源远流长的师者风范的诠释，体现了中华优秀师道文化的魅力，丰富了教师教育史的内涵。

（一）教育家精神是“中国精神”的体现

“人无精神则不立，国无精神则不强。”教育家精神——教育家在办学实践中所体现出的对于教育工作的基本态度和职业操守，是一个人能否成为教育家的前提条件。没有教育家精神，就不会去积极探索教育实践，因而也难以形成有特色、有成效的办学实践；没有教育家精神，就不会去深入钻研教育的未知世界，思考教育的本质和规律，因而也无法生成鲜明的办学思想。①

习近平指出，“古往今来，任何一个有作为的民族，都以自己的独特精神著称于世。爱国主义是中华民族民族精神的核心”②。“心有大我”是中华优秀传统文化和中华民族精神的体现。中国文化不同于西方文化，西方文化是个人本位的，追求个人权利和自由是其典型特征。中国文化是社会本位的，个人的价值在服务社会和集体中彰显。中国文化孕育的个人，心中还有“大我”。“小我”是自己，“大我”是集体，是民族和国家。中国人把“小我”融入“大我”之中，为

---

① 张晓峰．教育家精神特质研究：以民国时期著名教育家为例［J］．教师教育研究，2014（5）：73－80.

② 习近平．在纪念中国人民抗日战争暨世界反法西斯战争胜利69周年座谈会上的讲话［N］．光明日报，2014－09－04（2）.

了民族、国家和集体的利益，可以舍“小我”保“大我”。

这种中国精神，决定了中国特有的教育家精神以“心有大我、至诚报国”为基本取向。古代，儒家强调“学而优则仕”，以修身、齐家、治国、平天下为人生追求；近代，中华民族内忧外患的危机时期，无数仁人志士基于社会现实与国家情况积极投身教育实验与实践，寻求教育救国方案；当代，黄大年“振兴中华，乃我辈之责”的铮铮誓言，张桂梅全力托举山区女孩的布满膏药的双手，都体现了“心有大我”的坚定的报国之志与至诚报国之行。所以，概而言之，中国特有的教育家精神，既以社会本位的“中国精神”为底色，又是这种“中国精神”的集中表现。

（二）教育家精神是“家庭精神”的展现

“教育家”一词，从构词法上看，本身也是在对“家”之意象的隐喻中被提出和使用的。因此我们分析“教育家”作为一种隐喻结果的具体内涵，可以从“家”的基本含义开始。①《说文解字》对“家”的解释是：尻也，居也（住所）。今考证短暂闲居，不能称为家，只有祖居之地，方能为家，从这个概念理解，“家”更多是接受已有的“遗产”和“成就”，承接着血脉传承与精神延续具有长久世代存续的特征。教育家所代表的“教育家庭”，因拥有更丰富且宝贵的教育财富，紧密联系且产生共同认同感的强大集体，以及对教育人才的世代培养，而实现着对教育事业长久发展的坚强支撑，并在这种坚强支撑中，实现了自身的长久存续发展，展现出“家”的历史延续性与超越性。②

其中，《辞海》中“家”的一个义项是“以之为家”。一言以蔽之：教育家，以教育为家者也！以教育为家，意味着教育是教育家的精神依归之地，意味着寄托、归属、融入、血脉相连，意味着爱，意味着忠诚，意味着奉献，意味着无怨无悔。教育家为了教育这个家，将心甘情愿地为之奋斗，使教育成为温暖的精神家园。③

在古典中国社会秩序与文化结构中，“家”具有一种本体性地位，特别强调“家国同构”。这一点与习近平谈到的“心有大我、至诚报国”的教育家精神有着天然联系。而且，中国人的语言文化习惯中，也特别注重“家族”这个概念。教育家精神是教师集体、群体的精神家园，是无数超越时空与地域的限制，流淌着

---

①② 余清臣．基于“家”之意蕴的教育家精神理解与践行［J］．中国基础教育，2023（11）：49－52.

③ 孙孔懿．教育家：以教育为家者［J］．江苏教育，2018（18）：1.

以“教育为家”血统的教师群体的集体风貌；是教育家群体所共有的价值追求、道德品格、心智模式、能力素质等具有普遍意义的精神特质。所以，仅从这个意义上，也可以认为习近平所倡导的教育家精神，在体现了世界教育家群体共有特征的同时，还彰显了中国教育家群体的特有风貌。①

（三）教育家精神是“师道精神”的显现

在我国传统文化中，教师精神乃是多种精神文化的复合体，师道是中国传统文化中一种重要的价值观念。古代，教育家精神是职业化“道德教育家”的立业规范。孔子提出“其身正，不令而行；其身不正，虽令不从”等经典论断，主张教师要“率身正行”，成为学生道德效法的典范。董仲舒在《春秋繁露·玉环》中提到“善为师者，既美其道，有慎其行”，强调师道是道与行的统一体。扬雄更是提出“师者，人之模范也”。这一时期，教师职能被定位于“社会教化”，但所“教”并非知识本身，而是道德纲常，教育者是超凡脱俗的“道德教育家和践行者”。②

唐代韩愈将师道精辟概括为“传道授业解惑”，三者构成有机整体，即在“授业”过程中做到“传道”，在“传道”过程中做到“解惑”，如此方才合乎“师道”的标准。宋代对儒家师道进行复兴，正如钱穆所言，宋学最先姿态，是偏重在教育的一种师道运动。孔齐在《至正直记》卷四中提及，“村馆先生惟乡中有德行者为上，文章次之，不得已则容子弟游学从师，求真实才学者，亦在德行为先也”。这一论述强调选择先生要以德行为首要条件。明末王夫之也提倡先生要用“正道、正言、正行”来教育影响学生。我国传统教师虽然专业化程度较今日教师不可同日而语，但在某种程度上又超越专业化，蕴含丰厚的中华文化道德精神内涵。③

中国近代，在列强侵略、民族危亡的背景下，涌现出一批致力于教育救国、教育改革的教育家，也同时提出了“教育家精神”这一概念。④ 当时的教育家精神，饱含了近代以来救亡图强使命的价值引领力。因为进入近代社会以后，尤其

---

① 邬志辉，王苏平．新时代如何弘扬教育家精神［J］．东北师大学报（哲学社会科学版），2023（6）：1-7，14.

② 余晓蓉，李辽宁．教育家精神的三维阐释：历史、理论与实践［EB/OL］．（2024-05-27）．https：//www.news.cn/politics/20240527/8cfb50a715c9427e8e1aa78d99fda1/c.html.

③ 刘海燕．教育家精神的时代意蕴与践行理路［J］．教育研究，2023（12）：121-129.

④ 李友其，等．中国近现代师范教育史资料（2）［Z］．内部资料，1983：226.

是中日甲午战争后，亡国灭种的危机感笼罩在每个中国人的心头。一大批知识分子自觉肩负起救亡图强的历史使命，把兴教办学视为救亡图强的关键。此一意义，使得诸多近代教育家怀着神圣的历史使命感，以不同方式冲锋在“教育救国”的实践活动中，将一生都奉献给了教育事业。

中华人民共和国成立后，尤其是改革开放以来，以孟宪承、马叙伦、霍懋征、斯霞等为代表的一大批教育工作者，继承和发扬了传统教育思想，饱含对祖国和人民“站起来了”的欣喜，热爱教育事业，具有强烈的责任感和使命感，始终坚守教育初心，坚守立德树人的使命，关爱学生成长，关注教育改革与发展，积极探索适应时代需求的教育理念和教学方法，锐意进取，用新思维、新观念、新方法破解教育发展中的难题，为社会主义教育发展涂上了浓墨重彩的一笔。

(四) 教育家精神是“创新精神”的呈现

陶行知先生曾在《第一流的教育家》中对教育家精神提出这样几点要求：

> 敢探未发明的新理，即创造精神；敢入未开化的边疆，即开辟精神。创造时，目光要深；开辟时，目光要远。总起来说，创造、开辟都要有胆量。在教育界，有胆量创造的人，即是创造的教育家；有胆量开辟的人，即是开辟的教育家，都是第一流的人物。大丈夫不能舍身试验室，亦当埋骨边疆尘，岂宜随便过去！①

勇于创新是成就教育家的一种内在的精神动力。在加快实现教育现代化的征程中，我们比任何时候都需要改革、创新，去探明、开辟、追求理想的教育。②中国古代，孔子“有教无类”的教育理念打破了当时贵族对教育的垄断，强调不论贵贱、贫富，人人都应有接受教育的权利；首创根据学生的不同特点和才能进行教育的“因材施教”原则。中国近现代，蔡元培秉持“思想自由、兼容并包”的办学理念，对北京大学进行了大刀阔斧的改革。他认为大学是研究高深学问的地方，应容纳各种学术思想和流派，培养学生的独立思考能力和创新精神。中国当代，顾明远、于漪、吕型伟、李吉林、顾泠沅、魏书生、李保国、黄大年、张桂梅等是教师中的优秀楷模。他们在办学实践中，面对未来新知，不是简单地照搬，而是基于现实情况精心“培养”与改革创新。正是教育家对社会新精神、新

---

① 陶行知．陶行知全集：第1卷[M]．成都：四川教育出版社，2005：22.
② 杨建朝．教育家办学的精神特质论析 [J]．教育发展研究，2011 (2)：19-22.

风貌及先进文化的自觉与自信，以及全社会崇尚真知、传承文化、坚定理想、牢固信念的风尚，造就了一大批具有改革创新精神的“大先生”。

二、形成于中国特色社会主义教育实践

中国特色社会主义教育实践是形成中国特色教育家精神的沃土与源泉，马克思主义理论为其提供了科学指引，中国共产党人精神谱系为其注入了红色基因。广大教育工作者要汲取信仰力量，将个人理想融入国家教育事业。

（一）以马克思主义为理论指导

马克思主义把解放全人类、谋求全人类的幸福作为终极追求。马克思主义是我们立党立国、兴党兴国之本，也是执教、研教、兴教之根。我国是中国共产党领导的社会主义教育，坚持教育为社会主义现代化建设服务，为人民服务，注重教育公平与人的全面发展。中国特有的教育家精神，源远流长、博大精深、内涵丰富，是马克思主义基本原理同中国具体实际相结合、同中华优秀传统文化相结合的产物。一代又一代教育工作者经历了教育救国、教育报国、科教兴国、教育强国的非凡历程，在不同历史时期的教育实践中，积累了宝贵的精神财富，铸就了中国特有的教育家精神。①《中共中央、国务院关于弘扬教育家精神加强新时代高素质专业化教师队伍建设的意见》提出“强化教育家精神引领”，将教育目标与国家战略紧密结合，体现了马克思主义教育观的中国化发展。

（二）以中国共产党人精神谱系为内核

习近平指出，“人无精神则不立，国无精神则不强。唯有精神上站得住、站得稳，一个民族才能在历史洪流中屹立不倒、挺立潮头”，“一百年来，中国共产党弘扬伟大建党精神，在长期奋斗中构建起中国共产党人的精神谱系，锤炼出鲜明的政治品格”②。习近平从继承中华优秀传统文化中的教育思想出发，提出和凝练了教育家精神内核，这是中国共产党人精神谱系在教育领域的重要凸显，丰富和发展了中国共产党人精神谱系。③

---

① 王大广．论教育家精神的历史逻辑、价值逻辑和实践逻辑［J］．中国高等教育，2023（23）：26－29.

② 习近平．在全国抗击新冠肺炎疫情表彰大会上的讲话［J］．求是，2022（20）：4－15.

③ 李紫娟．习近平关于教育家精神重要论述的重大意义、科学内涵和实践要求［J］．思想理论教育导刊，2023（10）：22－29.

党和国家一直强调要培养和选拔具有理想信念、爱国情怀、忠于党和人民教育事业的优秀人才进入教师队伍；广大教师也在党和国家的关心关怀下逐步成长起来，凸显了广大教师与党同行、与国家共命运、与时代共成长的伟大情怀。中国共产党人精神谱系积淀着中国共产党人崇高神圣的初心使命，积蓄着弥足珍贵的精神财富。也只有在中国共产党伟大建党精神谱系的滋养下，才能以“教育家精神”办好中国共产党领导下的社会主义教育。①

（三）以教育者实践体悟为沃土

教育家精神并非空中楼阁，它深深植根于教育者个体生命实践的沃土。对于每一位教师而言，它是在日复一日的课堂耕耘、与学生的心灵对话、对教育难题的思索突破和长期的教育教学实践或者相关管理工作中，透过自身言行著述所体现出来的一系列价值理念和处事原则的统称，这些价值理念和处事原则，就是教师之所以能成为教育家的内在动力与强劲支撑。② 因为教育家精神的源起，是教育本质与精神本体通过劳动实践和生命体悟的结合，这种结合必然有知识活动、实践活动以及思想活动的共同作用，是这些共同作用者互相推动、互相验证，最终构成了教育家精神的内涵。③

我国无数优秀教师的成长经历表明，无论是从形成、传承还是发展来看，教育家精神都不是抽象的概念或空洞的描述，而是必然要依赖于一代又一代教育者的生命实践，体现在教师们的日常教育教学实践之中，同教师们所实际从事的具体教育活动息息相关。可以认为，正是因为教育家精神源于个体生命实践，又反哺于教育实践，才最终成为推动教育事业发展的强大精神动力。

第二节 教育家精神的时代要求

每个时代都有其发展特征和精神特质。教育家精神不是凭空而降的天外来物，而是与教育家们所处的时代有着千丝万缕的关联。时代赋予了教育家们通过教育工作来推进社会发展的任务与使命，而教育家们则以其智慧、毅力和勇气推

① 游旭群．教育家精神的阐释与培养［J］．国家教育行政学院学报，2023（8）：3-11，30.
② 张国霖．教育的精神与教育家精神［J］．基础教育，2023（5）：1.
③ 同①.

动着时代的发展和进步。可以认为，教育家精神的形成，受到了时代条件的滋养和整个教育事业精神氛围的浸润与熏染。理解一个时代的教育精神，有助于认识和理解教育家精神。①

一、教育家精神的时代要求是什么

当前时代，随着科技迅猛的发展和国际形势的深刻变化，教育面临着前所未有的挑战和机遇。这个时代的教育家，既要把握教育的一般本质，更要关注新的历史条件下教育的新变化、新需求，关注国家繁荣、民族复兴、人民幸福对教育的要求，把准时代脉搏，回答时代之问。

（一）锚定人民立场，树立高远志向

在社会主义社会，“人民”二字在党和国家的心目中具有至高无上的地位。2012 年 11 月 15 日，习近平在与中外记者见面时说：“人民对美好生活的向往，就是我们的奋斗目标。”党的二十大报告指出：“江山就是人民，人民就是江山。”在教育上，习近平提出要“坚持以人民为中心发展教育”“以教育之力厚植人民幸福之本，以教育之强夯实国家富强之基”，建设“教育强国……最终是办好人民满意的教育”，国家还把最高的教师荣誉称号称为“人民教育家”，应当说中国共产党全面践行了“全心全意为人民服务”的根本宗旨。

（二）担当使命责任，回归教育本质

教育的本质是培养人，培养具有良好品德、丰富知识、健康体魄和创新能力的全面发展的人。冯友兰在《中国哲学简史》中指出，我们所见的孔子的确只是一位教师……他“述而不作”，首要任务是向青年学生解释古代的文化遗产，教导学生“成人”。②“成人”的最终目的，就是要让学生成为大写的“人”。③ 教育家心系家国、兼济天下，以实现国家复兴和民族振兴为己任，躬身于教育。教育使命是教育家对教育的责任感以及价值追求的体现，是教育家精神的动力与源泉。教育工作者需深刻认识到这一本质，始终肩负育人的神圣使命，努力为学生

---

① 张国霖．教育的精神与教育家精神［J］．基础教育，2023（5）：1.

② 金马妮．何以成“家”：一项关于中国教育家的谱系学考察［J］．广东第二师范学院学报，2024（4）：1－12.

③ 檀传宝，肖金星．论教育家精神与师德修养的三个方向［J］．中国教育科学（中英文），2024（1）：24－31.

的成长和发展奠定坚实的基础。

当前教师队伍中的极少数人，教育家精神缺失，不是努力坚守教育情怀，把学校建成纯净的精神家园，而是屈从于外在功利化的追求。① 这种功利化的追求，使得他们看不到“五育并举”的意义，只拘泥于“育智”甚至“育分”，陷入于“应试教育”的泥潭之中而不自知。为此，叶澜教授警示：“如果只注重人力资源，只关注 GDP，不考虑未来的人的发展，我觉得我们会虚胖，会有高大的身躯，但缺乏灵魂和精神……这种价值的异化，教育忘了精神、忘了文化，我真是有点忧虑。”为了改变这一现状，她疾呼要“努力造就一批提倡并坚持教育精神的教育家，努力让教育回归育人的本真，造就新人以求不断改造社会病症，从而建构良善和正义的美好社会”②。

想成为教育家，需踏踏实实做“好老师”。正如冯友兰在《中国哲学简史》中所指出的，我们所见的孔子的确只是一位教师……他“述而不作”，首要任务是向青年学生解释古代的文化遗产，教导学生“成人”。③ 什么是“成人”？“成人”就是要培养学生成为大写的“人”。④ 新时代的大写的“人”，就是既具有追求个人美好生活的知识、体魄与能力，又能将个人追求融入国家富强、民族复兴、人民幸福的伟大梦想之中的人。为了培养出这样的人，教师必须心系家国、兼济天下，以实现国家复兴和民族振兴为己任，以推进中国式教育现代化为使命，为加快实现建设教育强国的战略目标，坚持以立德树人为根本任务，坚持为党育人、为国育才，努力培养德智体美劳全面发展的社会主义建设者和接班人。⑤

（三）钻研育人之道，追求卓越创新

反思批判精神、创新精神是教育家的特质之一。教育的本质是育人，教育家的本质特征在于创新性育人。⑥ 教育面向“人”，就需要教育工作者具有研究意识、研究能力、研究水平，践行“教育者即研究者”的理念，也要朝向每一个具体的学生，落实“学生中心”“学生主体”。在教学实践中，教育工作者要注重观

---

①② 杨建朝．教育家办学的精神特质论析［J］．教育发展研究，2011（2）：19－22.

③ 金马妮．何以成“家”：一项关于中国教育家的谱系学考察［J］．广东第二师范学院学报，2024（4）：1－12.

④ 檀传宝，肖金星．论教育家精神与师德修养的三个方向［J］．中国教育科学（中英文），2024（1）：24－31.

⑤ 吴叶林，徐涵，高凌希．教育家精神融入高校教师教育：逻辑、功能与模式［J］．黑龙江高教研究，2023，41（4）：1－7.

⑥ 王世忠，蓝汝英．“文化人”假设与教育家精神［J］．学校党建与思想教育，2011（6）：34－35.

察学生的学习情况和行为表现，了解学生的兴趣爱好和学习需求，为学生制定个性化的教育方案。对于学习成绩优秀的学生，提供更具挑战性的学习任务，鼓励他们深入探究，培养他们的学术能力和创新精神；在班级管理和教学中，充分尊重学生的主体地位，发挥学生的主观能动性，激发了学生的学习兴趣和潜能。

不过，常言道，“学校是铁打的军营，学生是流水兵”。学生换了一届又一届，教师却一年又一年坚守原地，一些老师由此感觉自己似乎在过一种停滞、重复的生活。但如果将目光转向教育家和教育家型教师，就可发现，他们却总能在重复的生活中创造出新的样态，表现出超众的“转向”精神，也就是说总能从一种传统、陈旧、固有与机械的“教育生活”中苏醒、转向，成为鲜活的教育实践的先知者。之所以如此，是因为他们对于创新性保持了一种敏锐的嗅觉，他们总是不满足于现有状态，总是愿意去大胆实验、大胆寻求变革，从而不断或大或小地进行教育创新，或短时或深远地影响着教育发展。我们其他老师，也应当用这种“醒转来生活”唤醒自我，并以唤醒的自我照亮学生，将追求卓越、追求创新的精神代代相传。

二、如何实现教育家精神的时代要求

实现教育家精神的时代要求，需要以理论滋养精神内核，以多方力量营造教育发展的良好生态，强化职前教育家精神培育，唤醒教师在自我发展与主动担当意识等多个方面共同发力。

（一）赓续国内外优秀教育家的思想

教育家精神并非无源之水、无本之木，而是深深植根于中外教育史的沃土之中。中华优秀教育家思想是中华民族教育智慧的结晶，蕴含丰富的教育理念和方法，为当代教育实践提供了宝贵的精神财富。在教育发展的过程中，不同历史时期、不同地域的思想家和教育家提出了各具特点的教育主张、教育理论和教育方法，他们也像我们一样在苦苦地寻觅一些解决教育问题的办法。我们可以从中外优秀教育家的思想中汲取无穷无尽的营养。所以，教师要不断与中外教育家开启对话，展开教育交流，进行思想碰撞，拓展教育视域、建构教育理念、习得教育方法、反思教育行为，形成自己的教育世界。

（二）构筑教育家成长的生态体系

教育家成长需要尊重教育规律、崇尚教育理想、支持教育创新、营造对教育探索宽容的社会氛围。在政策支持方面，政府应加大对教育的投入，改善教育教学条件，为教育家的成长提供坚实的物质基础。通过强化政策激励和改进评价机制等方法，给予教师充分的支持与尊重，让他们拥有更多的自主权和决策权，鼓励和引导教师自觉承担时代责任。① 出台相关政策，鼓励教师创新教学方法、开展教育研究，对在教育教学中取得突出成绩的教师给予表彰和奖励。设立教育创新基金，支持教师开展教育改革实验，同时包容教育创新中的试错，为教师提供更多的发展机会和平台。

同时，政府还应提高教师的社会地位和待遇，改善教师的工作环境，为教师提供职业发展规划和培训机会，打击威胁教师人身安全与恶意投诉诋毁教师的行为，除去过度的形式主义任务，让教师能够热心从教、精心从教、长期从教、终身从教，在专注的教育教学及其研究中体会到成就感、荣誉感、幸福感，吸引更多优秀人才投身教育事业。公共媒体应加大对优秀教师和教育家的宣传力度，弘扬他们的先进事迹和精神品质，激发广大教师的职业荣誉感和责任感，形成全社会尊师重教的风气。

（三）筑牢师范教育培育的主阵地

师范教育是培养未来教育家的重要阵地，在培养未来教育家方面具有不可替代的重要作用，大力弘扬教育家精神必须扎实落实师范教育。

从政府层面来说，一是要持续打造一批国家师范教育基地。重点加强师范生专业能力发展中心建设和师范专业建设，在教育学硕士、博士授权点方面给予师范院校一定政策倾斜，鼓励高水平师范院校建立教师教育协同创新平台，形成在全国具有较强影响力、辐射力和引领力的师范教育基地，为培养高质量教师教育人才筑牢基础。二是要持续加强一流教师教育学科群建设。大力实施教育振兴计划，推进地方政府、高等学校、中小学“三位一体”协同育人，构建以师范院校为主体、高水平综合大学参与、优质中小学为补充的教师教育学科群，辐射带动全国教师教育学科和专业全面发展，打造一支信念坚定、本领过硬、能力突出的教师后备军。

从师范院校本身来说，至少可以从以下几点发力：第一，目标引领，坚持以

---

① 刘敏，张新科．教育家精神的时代内涵、价值意蕴及弘扬路径［J］．南京社会科学，2023（10）：143－151．

培养教育家型教师为最终培养目标，遵循师范生“成整全的人—成报国之士—成教育之事—成卓越之师—成为教育家”的终身成长目标，坚持教育家精神的价值引领，将教育家精神嵌入师范生人才培养方案之中；第二，落实内容，坚持教育家精神进入教学内容，将相关教育教学资源整合进师范生的各类课程与校园文化建设之中；第三，坚持教学方法浸润，加强教育家精神理论建构与实践转化环节，将师范生专业成长活动与教育家成长场域接轨，处处引领师范生对“教育家精神”进行内化与转化；第四，拓宽教育家精神践行主体，深度挖掘普通教师的人性光辉与师者崇高形象，编撰典型的教育家成长案例库，为师范生的专业成长提供具象实例；第五，打破师范生的封闭式场域，建构教育家精神养成的生态圈与联通场域。

（四）唤醒教师个体生命自觉实践

教师的发展最终要落实到自主发展，即教师的发展是教师不断超越自我、实现自我的过程，更是教师作为主体自觉、主动、能动、可持续的建构过程。教师个体生命发展的关键动力，在于唤醒其内生动力。教师的内生动力，是指教师在个体生命历程中以教育家精神作引领、不断提升自我的主动愿望。激发教师的内生动力，唤醒教师的主体意识和专业自觉，促进教师持续不断地自我发展、自我实现，弘扬教育家精神才有了前提和基础，教师才可能在教育家成长之路上不断前行。所以，教师个体的生命自觉实践，才是践行教育家精神的关键，教师要在教育教学中发挥自己的主观能动性，积极参加教育培训和学术交流活动，拓宽自己的学术视野，更新教育观念，主动发现和解决问题，不断反思进取，持续进步创新。

思考与练习

1. 中国特色教育家精神的内在意蕴是什么？
2. 阅读材料，分析材料中的人物身上哪些优秀品质体现了教育家精神？

支月英，女，汉族，1961 年 5 月生，2016 年被评为感动中国人物。

1980 年，江西省奉新县边远山村教师奇缺。19 岁的南昌市姑娘支月英不顾家人反对，只身来到离家 200 多公里的教学点，当了一名山村教师。她发现这里条件比想象的还要艰苦：村子海拔近千米，距县城上百里，到最近的村镇坐车之后还要步行 20 里山路。山上人烟稀少，小路坎坷曲折，学生全靠两条腿在崇山峻岭间跋涉。支月英毫不畏惧，咬牙坚持。她把学生当作亲人，有些孩子家庭贫困，交不起学费，她就用仅有的几十块钱工资垫付，经常陷入无钱买米买菜的窘境。旁人不理解，劝她赶紧想办法离开。她总是笑着说："日子会好起来的。在这里守着孩子们，心里更踏实!"

面对艰苦的教学环境和匮乏的教学资源，支月英没有丝毫退缩，而是凭借着坚定的信念和对教育事业的热爱，坚守在乡村教育的第一线。她关爱每一位学生，用自己的爱心和耐心呵护学生的成长。为了让山区的孩子能够接受更好的教育，支月英不断努力提升自己的教学水平，她自学教育教学理论，积极参加各种培训和教研活动，将先进的教学理念和方法引入乡村教学中。她还注重学生品德和社会责任感的培养，通过开展各种实践活动，引导学生树立正确的人生观和价值观。

2016 年 5 月，已到退休年龄的支月英本可回到县城安享晚年，但在乡亲们的挽留下，她选择留下继续任教，她说："我是大山的女儿，如果身体允许，我就一直教下去。"

参考文献

［1］马克思，恩格斯．共产党宣言［M］. 北京：人民出版社，2014.

［2］毛泽东．毛泽东选集：第1～4卷［M］. 2版．北京：人民出版社，1991.

［3］习近平．论教育［M］. 北京：中央文献出版社，2024.

［4］习近平．习近平谈治国理政：第1卷．［M］. 北京：外文出版社，2014.

［5］习近平．习近平谈治国理政：第2卷．［M］. 北京：外文出版社，2017.

［6］习近平．习近平谈治国理政：第3卷．［M］. 北京：外文出版社，2020.

［7］习近平．习近平谈治国理政：第4卷．［M］. 北京：外文出版社，2022.

［8］习近平．习近平重要讲话单行本（2021年合订本）［M］. 北京：人民出版社，2022.

［9］本书编写组．习近平总书记教育重要论述讲义［M］. 北京：高等教育出版社，2020.

［10］褚宏启．杜威教育思想引论［M］. 北京：教育科学出版社，2022.

［11］顾明远．顾明远文集［M］. 北京：教育科学出版社，2016.

［12］郭齐家．教育立命之道与中华文化复兴［M］. 北京：人民教育出版社，2017.

［13］赫尔巴特．普通教育学［M］. 李其龙，译．北京：人民教育出版社，2015.

［14］黑格尔．精神现象学（句读本）［M］. 邓晓芒，译．北京：人民出版社，2017.

［15］洪生．荆棘中的灵魂歌者［M］. 武汉：武汉大学出版社，2015.

［16］夸美纽斯．大教学论［M］. 傅任敢，译．北京：教育科学出版社，2014.

［17］李吉林．情境教学理论与实践［M］. 北京：人民日报出版社，1996.

［18］李吉林．情境教育精要［M］. 北京：教育科学出版社，2016.

［19］刘建军．思想政治教育基本理论研究［M］. 北京：中国人民大学出版社，2025.

[20] 诺丁斯．学会关心：教育的另一种模式［M］．于天龙，译．北京：教育科学出版社，2003.

[21] 丘成桐，纳迪斯．我的几何人生：丘成桐自传［M］．夏木清，译．南京：译林出版社，2021.

[22] 陶行知．陶行知全集：第1卷［M］．武汉：华中师范大学出版社，2022.

[23] 吴晶，陈聪．心有大我至诚报国：黄大年［M］．北京：新华出版社，2017.

[24] 徐群．对话成长：教师发展的心路与哲思［M］．南京：河海大学出版社，2020.

[25] 杨士莪．海洋声学［M］．北京：海洋出版社，2012.

[26] 叶圣陶．叶圣陶教育文集［M］．北京：人民教育出版社，1994.

[27] 于漪．点亮生命灯火［M］．北京：商务印书馆，2019.

[28] 张艳国．办好人民满意的教师教育［M］．南昌：江西人民出版社，2023.

[29] 郅庭瑾．教育家观察：基础教育强国［M］．上海：华东师范大学出版社，2024.

[30] 周洪宇．教育奠基未来：新中国教育70年70位教育人物［M］．武汉：湖北教育出版社，2019.

图书在版编目（CIP）数据

教育家精神选讲 / 曾晓洁主编；杨翼丞，李汉学副主编. --北京：中国人民大学出版社，2025. 8.
（高等学校通识课程系列教材）. --ISBN 978-7-300-34263-4

Ⅰ. G40-092

中国国家版本馆 CIP 数据核字第 2025FN7764 号

高等学校通识课程系列教材

教育家精神选讲

主　编　曾晓洁

副主编　杨翼丞　李汉学

Jiaoyujia Jingshen Xuanjiang

出版发行	中国人民大学出版社		
社　址	北京中关村大街 31 号	**邮政编码**	100080
电　话	010－62511242（总编室）		010－62511770（质管部）
	010－82501766（邮购部）		010－62514148（门市部）
	010－62511173（发行公司）		010－62515275（盗版举报）
网　址	http://www.crup.com.cn		
经　销	新华书店		
印　刷	北京宏伟双华印刷有限公司		
开　本	787 mm×1092 mm　1/16	**版　次**	2025 年 8 月第 1 版
印　张	12.5 插页 1	**印　次**	2025 年 8 月第 1 次印刷
字　数	204 000	**定　价**	45.00 元

版权所有　侵权必究　　　印装差错　负责调换

教学支持说明

（教学课件）

中国人民大学出版社教育学科秉承“出教材学术精品，育人文社科英才”的出版宗旨，多年来，出版了大批高质量的教育学、小学教育、学前教育专业教材和学术著作。

我们为本教材制作了相应的 PPT 教学课件，任何一位采用本书作为授课教材的教师均可免费获得该课件。为了确保该课件仅为授课教师获得，烦请您填写如下材料，并将相关信息通过 E-mail 发送给我们，我们将在收到相关信息后通过 E-mail 给您发送该课件。欢迎您加入我们的 QQ 群（教育新视野交流群，群号为 159813080），或登录我社官方网站（www.crup.com.cn），注册并认证成为教师会员，以获得更好的服务。

我们的联系方式：

地址：（100872）北京市中关村大街甲 59 号文化大厦 1202 室

中国人民大学出版社

电话：（010）62515955　62515383

E-mail：ggglcbfs@vip.163.com

QQ 群：159813080

兹证明__________大学/学院__________院/系__________专业__________学年第__________学期开设的__________课程，采用中国人民大学出版社出版的____________________（书名、作者）作为本课程教材。授课教师为__________，授课班级共______个、学生______人。授课教师需要与本书配套的教学课件。

联 系 人：____________________

通信地址：____________________

邮　　编：____________________

电　　话：____________________

E-mail：____________________

系/院主任：__________（签字）

（系/院办公室章）

______年____月____日